MONOGRAPHIE

CESNY-BOIS-HALBOUT

INTÉRIEUR DE L'EGLISE DE CESNY-BOIS-HALBOUT

MONOGRAPHIE

DE

LA COMMUNE

DE

CESNY-BOIS-HALBOUT

Par M. l'Abbé DUPRÉ

CURÉ DE CESNY-BOIS-HALBOUT

PRIX : **1** FR.

CAEN
IMPRIMERIE J. LEROYER
27, RUE FROIDE, 27

1902

Bayeux, le 9 Octobre 1902.

Cher Monsieur le Curé,

Monseigneur a bien voulu se faire rendre compte de votre monographie. Il vous félicite vivement de ce travail, qui prouve non pas seulement votre amour pour l'étude, mais aussi et surtout votre amour pour votre chère paroisse.

Les habitants de Cesny et d'autres encore seront heureux de relire l'histoire de leur pays, et, j'en suis sûr, ils n'en comprendront que mieux le devoir de rester chrétiens comme leurs pères. C'est bien là, n'est-ce pas, une des fins dernières que vous aviez en vue en écrivant votre très intéressante monographie.

Croyez, cher Monsieur le Curé, à mon très affectueux dévouement.

QUIRIÉ,
vic. gén.

PRÉFACE

Plusieurs paroisses du diocèse de Bayeux ont leur monographie : il nous a semblé que Cesny-Bois-Halbout méritait bien d'avoir la sienne. Nous en avons cherché les matériaux dans les bibliothèques et les archives ; nous avons interrogé les anciens de la commune qui connaissent les particularités de l'histoire locale de la Révolution. Ce qui nous a vivement intéressé, nous que la Providence a préposé depuis plus de vingt ans au gouvernement spirituel de cette paroisse, n'intéressera pas moins les habitants de Cesny-Bois-Halbout, curieux de savoir comment vécurent leurs ancêtres. Que de transformations amène le cours des siècles ! Les choses humaines subissent la loi du perpétuel devenir. Mais on aime à voir quelles étapes a parcourues la petite comme la grande société dans cette marche tantôt de progrès, tantôt de décadence. Au point de vue matériel comme au point de vue moral, le contraste est grand entre la France du Moyen-Age et la France moderne. De même la physionomie de Cesny-Bois-Halbout s'est sensiblement modifiée avec les époques. Mais une stabilité le caractérise, c'est son attachement à la religion. Cette permanence dans l'esprit chrétien est une grâce, mais aussi une marque de ferme bon-sens, de raison inébranlable. Les révolutions, les persécutions passent ; la foi reste enracinée dans les âmes auxquelles l'Eglise catholique a démontré par les actes de sa toute-puissance la divinité de son fondateur. La société est une partie essentielle de la patrie. Or le lien social le plus fort est le lien religieux, car la religion seule fait la grande unité, c'est-à-dire l'unité dans les idées et les aspirations les plus hautes, dans les sentiments les plus nobles, dans un ordre surnaturel d'où les misérables passions sont bannies. Si la France est moins unie qu'avant la Révolution, c'est qu'une politique insensée travaille à lui ôter sa religion. Le patriotisme est absent de cette politique qui compte comme ses succès les progrès du radicalisme socialiste. Ce n'est pas en Normandie, ce n'est pas surtout à Cesny-Bois-Halbout qu'elle recrute ses trop nombreux prosélytes. Voilà pourquoi nous espérons que cette monographie, qui rend justice au passé, recevra bon accueil. Si nous avions rencontré quelque mémorial de famille, quelque livre de raison, un journal des exploits de nos jacobins de village, nous aurions fait une œuvre plus complète, plus originale, plus piquante, mais non plus consciencieuse. Puisque la Révolution, antimonarchique et antichrétienne, a été pour la France une rupture violente et qui semble définitive avec son passé politique, il nous a paru naturel de diviser cette histoire en deux parties :

la première dit ce que fut Cesny-en-Cinglais depuis son origine jusqu'à la Révolution, la seconde ce qu'il fut depuis la Révolution jusqu'à nos jours au point de vue religieux et au point de vue civil.

Le village natal, la petite patrie,
Aussi bien que la grande, attache notre cœur.
De son passé qu'il faut juger sans flatterie,
Le récit le plus vrai me paraît le meilleur.

Juillet 1902.

PREMIÈRE PARTIE

CESNY-EN-CINGLAIS DEPUIS SON ORIGINE JUSQU'A LA RÉVOLUTION

CHAPITRE PREMIER

LA COMMUNE ET LE CHATEAU

Dans le sud du Calvados, à six lieues de Caen, Cesny-Bois-Halbout occupe, non loin de la forêt de Cinglais, un site délicieux. Séparée par huit à neuf kilomètres de Bretteville-sur-Laize et de Thury-Harcourt, la commune comprend deux sections de chacune environ trois cents habitants. Le village de Cesny se cache au fond d'un vallon. Ses alentours pittoresques, ses champs fertiles, ses prés arrosés par de nombreux canaux, ses coteaux boisés, ses chemins bordés d'arbres touffus et de haies vives, toute cette belle et riche nature éveille l'idée du bonheur chanté par Virgile :

O fortunatos nimium, sua si bona norint
Agricolæ ! (1).

A douze cents mètres de Cesny en remontant vers Bretteville-sur-Laize, le Bois-Halbout occupe un plateau presque de même altitude que les monts du Plessis et de Campandré dont le versant Est borde son horizon. D'un côté, son vieil hôpital, de l'autre, ses maisons modernes aux façades décorées de peintures ou d'un ciment granitique donnent à cette bourgade le charme des souvenirs et d'une jeunesse renouvelée.

Du Bois-Halbout à Cesny, ondule une plaine qui s'étend au sud jusqu'à la vallée d'Acqueville, au nord, jusqu'à la forêt de Cinglais. Eloignée aujourd'hui de trois kilomètres, cette forêt s'avançait autrefois jusqu'à Cesny ; peut-être même elle l'englobait. D'où le nom de Cesny-en-Cinglais que la commune a porté bien longtemps. L'importance prise par le Bois-Halbout, a donné lieu à une dénomination nouvelle. Mais l'ordonnance royale qui substitue à l'ancien le nom de Cesny-Bois-Halbout ne date que de 1828.

Cette commune est une des plus anciennes du canton. Les plus vieilles chartes l'appellent

(1) Trop heureux les habitants des campagnes, s'ils appréciaient les biens dont ils jouissent !.., (Geor., II, v. 458.)

Giderneium, Cierneium, Cerneium. Dans la langue populaire elle a été longtemps et elle est même encore parfois désignée sous le nom de Ciesny. Nom qui vient peut-être de l'aspect du terrain incliné en pente de tous côtés : *loci cernui.* Celui de Bois-Halbout est resté à la localité parce qu'une famille Halbout y possédait un bois assez vaste.

L'absence de documents antérieurs à la seconde moitié du XIIe siècle ne permet pas de préciser l'époque où la commune prit naissance. La plus ancienne charte qui nous soit parvenue, celle du pieux fondateur de l'hospice du Bois-Halbout, date tout au plus de 1165. Mais il y en avait d'antérieures, puisqu'une charte octroyée par lui l'année suivante, ratifie toutes les donations déjà faites par ses ancêtres à cette maison qui était un prieuré. D'autre part ce prieuré du Bois-Halbout, desservi par les religieux du Val et devenu alors une léproserie, n'était pas le seul établi sur le territoire de la commune qui s'étendait assez loin dans la forêt de Cinglais. Il y avait encore le prieuré simple de Saint-Nicolas de Buron (1) sous le patronage de l'abbé de Hambie, au diocèse de Coutances. Tout prieuré comportait une chapelle et une maison commune pour des religieux, car, d'après un auteur compétent (2), c'était « une sorte de

(1) La chapelle du prieuré de Buron se voit encore dans la paroisse de Fresnay-le-Vieux.

(2) Le Canu, *Histoire des évêques de Coutances.*

« monastère naissant dans lequel un certain « nombre de religieux résidaient et accomplis- « saient l'office de missionnaires et de pasteurs, « dans une contrée restreinte. » La présence de ces deux prieurés sur le territoire de Cesny prouve que cette commune était déjà un centre de quelque importance. Comme ce furent les seigneurs de Cesny qui dotèrent richement ces prieurés, il est évident que Cesny remonte au moins à l'époque qui les vit fixer là leur demeure. Peut-on déterminer le temps où l'un des membres de la noble famille des Tesson fit sa résidence du château qu'il avait fait bâtir en un endroit du territoire de Cesny, appelé la Motte? C'est ce que nous verrons en remontant aux origines de cette noble famille.

Que le château de la Motte ait été le berceau et le centre du village, le groupement même des maisons autour de la demeure seigneuriale en est la preuve. Le castel était un abri nécessaire. Toutes les maisons des paysans s'aggloméraient sous ses murs protecteurs. Encore aujourd'hui la majeure partie des hameaux qui composent le village de Cesny, avoisinent le château. Celui de la Motte est à ses pieds; ceux de la vallée et du bas de Cesny s'échelonnent à peu de distance, le long d'un ruisseau limpide qui prend sa source sur le terrain communal, à moins de deux kilomètres et qui, après avoir serpenté à travers les prairies, murmure et gronde parfois, au bas du talus de l'ancienne forteresse. Seul, le hameau de l'église est plus en avant, du côté du Bois-Halbout, à un endroit appelé la Baronnie.

Le Bois-Halbout n'eut primitivement d'autre importance que sa léproserie qui fût, du reste, un obstacle à son accroissement, tant la terrible maladie inspirait d'horreur ! Il ne se développa qu'après la disparition de la lèpre, et encore peu à peu dans le cours des siècles. D'après la tradition du pays, les lépreux qui se trouvaient guéris ou à peu près, ne voulaient point s'éloigner de cette maison hospitalière où ils avaient reçu les soins que nécessitait leur état. Pour vivre, ils s'adonnèrent à un genre d'industrie en rapport avec leur position. Ils se firent fabricants de paniers. On venait de loin acheter leur marchandise. Telle fut, paraît-il, l'origine du marché du Bois-Halbout, autrefois si important et aujourd'hui encore assez en renom pour le trafic du beurre.

Disons maintenant quel était ce château féodal, qui fut au moyen âge une résidence seigneuriale et qui communiqua tant de vie à une contrée, que sa situation même au milieu de bois et de forêts semblait vouer au délaissement et à l'oubli.

Dès qu'il est question d'un château du moyen âge, on se représente une forteresse au sommet de quelque colline, défendue par d'épaisses murailles et des fossés profonds, écrasant de sa masse lourde et sombre et les chaumières et le clocher du village ; on y joint la vieille tour du donjon, protégée par un second fossé et une seconde enceinte, véritable citadelle, où se réfugiaient, en cas de pressant danger, les défenseurs de la place. Car telle est dans les chroniqueurs la description des châteaux forts du moyen âge. Mais elle ne serait pas applicable à celui des seigneurs de Cesny. Son enceinte dont la trace subsiste encore, ne permet pas de lui donner les dimensions d'un château fort de premier ordre. Forteresse d'ordre secondaire, comme il s'en rencontrait tant d'autres dans le pays, il était néanmoins capable de mettre les villageois à l'abri d'un coup de main. « D'après « les vieux auteurs, dit M. de Panthou, dans sa « monographie de la commune d'Evrecy, on appe- « lait seigneur châtelain celui qui avait droit « d'avoir un château ou une maison forte « entourée de fossés et qui avait une justice « appelée châtellenie. »

La forteresse de la Motte de Cesny était donc entourée de fossés, flanquée de deux tourelles, mais dépourvue de donjon. Bâtie sur une éminence, elle commandait à l'ouest toute la vallée de Cesny jusqu'au Moncel d'Espins, à deux kilomètres de l'église. Cette éminence s'appelait, dit M. de Caumont, la *Motte seigneuriale*, d'où le nom de château de la Motte donné à la maison seigneuriale de Cesny.

Ce château, destiné à sauvegarder les vastes domaines des seigneurs de Cesny, conservat-il longtemps son caractère de forteresse ? Tout porte à croire qu'il le garda au moins jusqu'aux invasions anglaises, jusqu'à cette guerre de Cent Ans qui devait tout changer de face, accumuler tant de ruines en notre Normandie et mettre la France elle-même à deux doigts de sa perte.

Edouard III d'Angleterre, compétiteur de Philippe VI, ambitionnait le trône de France. L'exclusion prononcée contre lui en vertu de la loi salique par les Etats-Généraux, ne fit qu'irriter sa soif de conquêtes. Parti de Southampton au mois de juillet 1346, il conduisait en Guyenne une armée, lorsque les vents contraires assaillirent sa flotte dans la Manche. Le Cotentin n'opposait aucun obstacle au débarquement de ses troupes et la Normandie s'offrait comme une proie facile. Ayant pris terre avec ses trente mille hommes près de Saint-Vaast-la-Hougue, il s'avança par Carentan, Saint-Lo, Bayeux, villes ouvertes, força les murs de Caen en quelques jours et poursuivit sa marche victorieuse jusqu'aux portes de Paris, ravageant, brûlant, pillant tout sur son passage. Les forteresses de la contrée furent démantelées, celle de Cesny comme les autres. Le joug anglais pesa durement, surtout après nos désastres de Crécy et de Poitiers.

Toutefois, sous Charles V, alors que les victoires de Duguesclin ranimaient les courages, la forteresse de Cesny se releva comme celles du voisinage. Car, le 23 mars 1371, le grand bailli de Caen, Régnier le Coutelier, en fit l'inspection sur un ordre royal ainsi conçu : « Mardi « XXIIIe jour de mai..., les dits commis visite« ront le fort de Vrechy (Evrechy) ; commandé « fut à Guillaume de Beauval, capitaine, que le « fort soit à prou de vivres. »

« Item, ce jour, à Préaux...

« Item, ce jour le chastel de Thury...

« Item, ce jour, à la Motte de Chény, com« mandé fut aux gens de Monseigneur de Tour« nebu que le fort fût mis à droit et appareillé « de denze, XV jours après Pâques. »

L'inspection de ces forteresses, qui se faisait d'une manière régulière au nom du roi, prouve non seulement qu'elles étaient restaurées, mais qu'elles n'étaient pas, au point de vue de la défense du pays, une quantité négligeable. On comptait sur elles, non pas pour barrer le chemin à une armée, mais pour retarder sa marche, et donner le temps d'organiser la résistance.

A la mort de Duguesclin, en 1380, les Anglais ne possédaient plus en France que Calais, Cherbourg, Brest, Bordeaux et Bayonne. En 1396, leur roi Richard II, fils du Prince Noir, abandonna Brest et Cherbourg, pour prix de son mariage avec Isabelle, fille de Charles VI. Mais les quarante-deux années du règne de Charles VI furent pour la France les plus tristes et les plus désastreuses. Pendant les huit années de sa minorité, ses trois oncles ne surent que gaspiller le trésor de Charles V, qu'exciter des révoltes par des impôts excessifs et arbitraires, que rendre le pouvoir odieux par la suppression des libertés. En 1385, son mariage avec Isabeau de Bavière, en 1392, sa folie et l'absence d'une régence organisée amenèrent à la cour et dans le gouvernement tous les désordres, l'anarchie morale et l'anarchie politique. En 1407, l'assassinat du duc d'Orléans, frère du roi, par son cousin Jean sans Peur, duc de Bourgogne, déchaina la rivalité des Armagnacs et des Bourguignons, la lutte fratricide du Midi et du Nord. L'heure parut propice au monarque anglais Henri V, héritier des projets d'Edouard III comme de son ambition sans scrupule. Débarqué, au mois d'août 1415, à l'embouchure de la Seine, il prit et brûla Harfleur, ville alors très florissante. Parti de là pour Calais, il rencontra le 25 octobre l'armée française en Picardie, au village d'Azincourt. Moissonnée à Crécy et à Poitiers, la noblesse française y trouva son tombeau. Embarrassé de ses nombreux prisonniers, le vainqueur ordonna de les passer au fil de l'épée. Quatorze cents seulement furent épargnés et défilèrent sous les yeux des Anglais dans son entrée triomphale à Londres. Trois ans plus tard la Normandie revit l'envahisseur. Après le siège et la prise de Caen, toutes les forteresses de la vallée de l'Orne, celle de Thury une des premières, tombèrent en son pouvoir.

C'est une tradition locale que le château de

Cesny résista longtemps. Encore ne put-il être pris d'assaut : la famine seule le réduisit à capituler. Trop violent pour dissimuler sa colère, le vainqueur traita Cesny en pays conquis. Il nomma ses valets administrateurs des revenus de la léproserie du Bois-Halbout à la place des religieux de l'abbaye du Val. Sans plus de conscience que leur maître, ces administrateurs laïques s'approprièrent le bien des pauvres.

L'occupation anglaise dura vingt-huit ans. La délivrance de la Normandie, en 1450, permit aux seigneurs de reprendre leurs châtellenies. A cette époque, le château de Cesny appartenait à la famille de Tournebu, devenue par alliance, depuis plus d'un siècle, l'héritière des Tesson de la branche de Robert-Fitz-Erneiz. Il ne tarda pas à passer de la même manière aux mains des d'Harcourt, qui en furent les seigneurs jusqu'à la révolution.

Mais, depuis longtemps, ce château avait subi le sort de tant d'autres, épars dans la contrée. L'abandon avait été le précurseur de la ruine. La Révolution trouva tout au plus quelques pans de murs que l'on voyait encore il y a 50 ans et qui ont aujourd'hui totalement disparu. C'est à peine si l'on peut discerner la trace de son enceinte et de ses fossés. Cependant, quelques restes des murs d'enceinte servent aujourd'hui de fondations à de jolies maisons bourgeoises et chacun des petits propriétaires parait satisfait de cultiver sa mince portion du vaste domaine seigneurial.

CHAPITRE II

LES PREMIERS SEIGNEURS DE LA MOTTE DE CESNY

Un château de si grande importance ne pouvait appartenir qu'à un puissant seigneur, comme en vit le Moyen-Age en plein épanouissement du système féodal. Le seigneur de la Motte de Cesny était, en effet, de l'illustre famille des Tesson, laquelle, suivant l'historien de la maison d'Harcourt, « était si puissante alors en Normandie qu'elle en possédait la 3e partie. » (1) La famille des ducs de Normandie était seule au-dessus d'elle. Il est donc intéressant d'en connaître l'origine.

Tous les auteurs assignent pour chef à la famille des Tesson, Raoul d'Angers ou d'Anjou, seigneur de Thury, contemporain des ducs Richard II, Richard III et Robert-le-Magnifique. Antérieur à Guillaume-le-Conquérant, il vivait vers l'an 1030. L'étendue de ses domaines faisait dire communément dans le pays que « sur trois pieds de terre deux étaient à lui. » Quelques

(1) Hermant, page 573.

auteurs supposent qu'il était de la maison du comte d'Anjou.

De son mariage avec Alpaïde il eut deux fils, Raoul et Robert Erneiz, qui se partagèrent son héritage, mais en conservant la vie commune et le titre de Seigneurs de Thury. Le surnom de Tesson qu'ils transmirent à leurs descendants, leur fut donné, — dit le savant Vautier — parce que, comme l'animal qui porte ce nom (*taxo*, blaireau) « ils semblaient se terrer partout. » Les descendants du puîné, formant branche distincte, ajoutèrent le surnom patronimique de Fitz-Erneiz.

D'après quelques historiens, Raoul d'Angers aurait eu un troisième fils nommé Eudes. En effet, dans une charte des donations faites par les Tesson à la léproserie du Bois-Halbout, figure le nom de Eudes, oncle du donateur.

M. de Caumont parle ainsi de cette grande famille. « Les Tesson étaient puissants au « XIe siècle ; Raoul Tesson joua un rôle impor- « tant à la bataille du Val-es-Dunes (près Ar- « gences) en 1047, et contribua beaucoup avec ses « hommes au succès de la bataille. Robert Wace « raconte, dans son poëme historique le *Roman-* « *du-Rou* (1), les circonstances de ce drame et « la part qu'y prit Raoul Tesson. Les Tesson,

(1) Ce poëme du XIIe siècle renferme l'histoire des ducs de Normandie depuis Rollon (876) jusqu'à la fin du règne de Henri II (1106), histoire inachevée, bien que le poëme dépasse 16 000 vers.

« dont les soldats criaient, au combat du Val-es-
« Dunes, Thuri, c'est-à-dire le nom du sei-
« gneur, s'éteignirent au milieu du XIIIe siècle. »

Dans ses recherches sur le Cinglais (1), M. Vautier, auquel renvoie M. de Caumont, après le détail des partages entre les branches de cette famille, fait observer que ce fut seulement la branche cadette des Robert-Fitz-Erneiz qui s'éteignit au XIIIe siècle et il montre par une généalogie suivie que la branche aînée ne disparut qu'au XVe siècle.

Les armoiries des Tesson, dit l'abbé Lefournier, étaient fascées de six pièces de paille et d'hermine. Elles figurent dans les armoriaux, et rappelaient dans plusieurs endroits de Fontenay le souvenir des fondateurs et des plus grands bienfaiteurs de la célèbre abbaye. Raoul Tesson Ier joue un rôle, en 1047, dans la révolte des barons normands contre leur duc Guillaume qui devait être, vingt ans plus tard, le conquérant de l'Angleterre. Les barons soutenaient Guy de Bourgogne, le compétiteur de Guillaume, et ils profitaient de la jeunesse et de l'éloignement de leur suzerain, retenu à Valognes, pour comploter leur émancipation et sa déchéance. Car l'insubordination allait de pair avec l'esprit batailleur de l'époque. La France était un champ clos chaque jour ensanglanté par des guerres privées. Pas de seigneur si pe-

(1) Tome II, p. 584.

tit qu'il fût, dès lors qu'il commandait à quelques centaines d'hommes, qui ne prétendît imiter Hugues-Capet parvenu au trône par sa vaillance. Ainsi les vassaux du duc de Normandie, n'obéissant que par force, se croyaient assez forts pour ne plus obéir. Guillaume jugea prudent d'appeler à son aide Henri Ier, roi de France, et Alain, duc de Bretagne. Avec ses deux alliés, il marcha contre les rebelles et leur livra bataille au Val-des-Dunes, près d'Argences.

Robert Wace décrit ainsi l'entrée en scène de Raoul Tesson Ier.

« Tandis que Henri et Guillaume, tenant « chacun en main un bâton, rangeaient et dis- « posaient leur troupe, ils virent venir à leur « rencontre un riche escadron d'environ 150 « chevaliers, à la tête desquels était un seigneur « magnifiquement vêtu. La tête couverte de « leurs heaumes, ils avaient tous à leur lance « une guimple aux couleurs de leur dame.

« Et n'y avait celui qui n'eut guimple à dame « ou à damoiselle en sa lance, sans les « varles (1).

« Le roi et le duc achevèrent de disposer leur « armée. Henri regardait avec inquiétude cette « brillante troupe de chevaliers. Se tournant « vers le duc, il lui dit : qui sont ceux-ci qui « s'avancent avec guimples à leur lance ? Sont- « ce des ennemis ? Moult sont tous de riche

(1) Chronique inédite du XVe siècle appartenant à Monseigneur le duc d'Aumale.

« appareil. Savez-vous leurs intentions? Ces
« gens là ne seront pas du côté des vaincus.

« Sire, dit Guillaume, je crois qu'ils se tien-
« dront tous avec moi. Raoul Tesson a nom le
« Sire qui les commande. Jamais en ma vie, je
« n'ai eu dispute avec lui, ni ne lui ai fait tort
« ou vilainie (1). »

Il faut dire ici que les barons rebelles avaient attiré Raoul Tesson dans leur conspiration à force de promesses. Il avait même juré, sur les corps saints, qu'il irait le premier frapper Guillaume sitôt et en tel lieu qu'il le trouverait.

Mais alors il se rappela l'hommage qu'il avait prêté au duc devant son père et son baronnage (2). Il se dit en lui-même : « N'a droit au fief, ni à l'honneur, qui combat son seigneur (3). »

(1) « Willame, dist li Rei, k'il sunt
« Cil ki o guimples la s'estunt?
« Mult sunt tuit de riche appareil.
« Savez-vous rien de lur conseil?
« Sachiez ke cil li champ veincront
« A ki cil d'ilan se tiendront.
« Sire, dist Willame, jó crei
« Ke cil se tiendront tuit o mei;
« Raol Tesson a nom li Sire,
« N'il n'a verz mei estrif ne ire.
« Asez i ont e faiz è diz
« Ke j'o n'ai mie toz oiz. »

ROBERT WACE.

(2) « Pensa ke il li fist homage
« Véant sun père et sun barnage. »

(3) « N'a dreit el fié, ne à l'onor,
« Ki se cumbat à son seignor. »

Il demanda à ses chevaliers s'il devait ou non combattre le duc.

« Sire, répondirent-ils, vous êtes son homme « et son juré de tout le fief que vous tenez, ne « soyez pas félon. »

« A ça je tiens, reprit Raoul Tesson, votre « conseil me plaît, vous dites bien; ainsi je ferai. « Puis, quittant ses hommes, il pique son cheval « en jetant son cri de guerre : Thury. Il va droit « au duc, le frappe de son gant et lui dit en « riant : Sire, de ce que j'ai juré je m'acquitte. « J'ai juré que je vous frapperais sitôt que je « vous trouverais : pour acquitter mon serment « (car je ne veux pas parjurer), je vous ai « frappé. Ne vous fâchez ; sire, ne ferai autre « félonie. Le duc lui répondit : votre merci. Et « Raoul, piquant son cheval, s'en alla (1). »

(1) « A ço, dist Raol, nos tenons;
« Vos dites bien, si le ferons.
« De la gent donc esteit emmie
« Poinst li cheval criant : Tur aie.
« Sis homes fist toz arester,
« El duc Willame ala parler.
« Par li champ vint esperunant,
« Son seignor féri de son gant,
« Poiz li a tot en riant dit :
« De ço ke jo jurai m'aquit;
« Je jurai que je vos ferreie
« Si tost com je vos trovereie;
« Por mon serement aquiter,
« Quer je ne me voil perjurer,
« Vos ai feru ; ne vos poist mie ;
« Ne faiz por altre félunie.

La bataille s'étant engagée, Guillaume déploya toute sa vigueur. Raoul Tesson s'était un instant retiré à l'écart. Tout à coup le voilà qui s'ébranle et se jette avec furie sur les barons révoltés : grande fut la trouée qui marqua son passage (1).

Et Robert Wace ajoute :

« Ne sai sez grandz fais aconter
« Ni cels kil abati nomer. »

Comme on le voit, les Tesson étaient de preux chevaliers. Le fils de ce Raoul et son neveu Robert II partirent avec Guillaume pour la conquête de l'Angleterre et prirent part à la bataille d'Hastings, en 1066. Robert périt dans la mêlée et Raoul Tesson II s'y fit un nom de gloire. Guillaume le Conquérant récompensa royalement les Tesson par des donations territoriales. Les descendants de Raoul durent se fixer dans l'île. Mais en 1205, lors de la réunion de la Normandie à la couronne, les Tesson ayant embrassé le parti de Philippe-Auguste, Jean-Sans-Terre confisqua tous leurs domaines en Angleterre. Cette disgrâce ne les rattacha que plus fortement à leur véritable patrie. Français de cœur, ils s'établirent définitivement en Normandie et y augmentèrent leurs biens par de riches alliances.

(1) Et li Duc dist : Vostre merci.
Et Raol atant s'en parti.
Assez parut ù il passa.

Nous avons dit qu'à la mort de Raoul d'Angers, ses deux fils se partagèrent son héritage et formèrent chacun une branche distincte. Les terres de Cesny échurent au puîné Robert Erneiz. Mais ce ne fut pas lui qui vint bâtir le château de la Motte, puisqu'il resta près de son frère Raoul, partageant avec lui le titre de Seigneur de Thury ; ce ne fut pas non plus son fils Robert II, tué à la bataille d'Hastings. Ce fut le fils de ce dernier, Robert III, lequel, encore enfant l'année de la mort de son père, dut construire à La Motte sa résidence seigneuriale à la fin du XIe siècle. Toutes les chartes qui lui donnent le titre de Seigneur de Cesny, sont de cette époque.

Ce fut lui sans aucun doute qui dota les prieurés dont se couvrit alors le territoire de Cesny. Il n'était plus, lorsqu'en 1165 celui du Bois-Halbout fut érigé en léproserie. Cette générosité doit être attribuée à son fils Robert IV ou à son petit-fils Robert V.

Le partage des biens de Raoul d'Angers entre ses deux fils ne les réduisit pas à une condition amoindrie. Car la part de chacun fut considérable. On en peut juger par les donations qu'ils firent à la célèbre abbaye de Saint-Etienne de Fontenay (1), près Caen, dont ils étaient les

(1) Cette abbaye bénédictine était sur le territoire de St-André de Fontenay. Il ne reste que la maison du Prieur qui, dans les derniers temps, dut servir d'habitation aux moines et un grand bâtiment qui longe la ri-

fondateurs. En terres, en vignes, en moulins, en métairies et églises, ces donations sont innombrables. Voici seulement, d'après les chartes, la liste des églises concédées à l'abbaye.

1° Par la branche aînée : Saint-André et Saint-Martin de Fontenay (moitié), Boulon et Essay (entières), Clécy, Saint-Lambert, Saint-Sauveur de la Villette, Saint-Marc Cahan (moitié), Mesnil-Hubert, Saint-Jean de Rouvron, Saint-Vaast et Acqueville (entières) ; Barbery et Cingal (un quart), Crocy et Notre-Dame de Rouvron (moitié).

2° Par les Robert Fitz-Erneiz : Saint-Martin et Saint-André de Fontenay (autre moitié), plus les chapelles de Torteval et de Verrières, Cesny (entières), Clécy et Saint-Marc (autres moitiés), Notre-Dame de Culay (entière), plus la chapelle de Saint-Georges du dit Culay et Saint-Pierre de Grimbosq (entières).

De si nombreuses fondations attestent la richesse et la puissance de cette famille. Chaque branche possédait assez de terres pour avoir un château fort. Le Seigneur de Cesny bâtit donc celui de la Motte. A l'époque, c'était une nécessité. Au milieu d'une nation sans unité et sans lois, avec une royauté sans pouvoir et sans prestige, tout grand propriétaire devait se protéger lui-même. Son château-fort était une

vière de l'Orne. L'église, depuis longtemps en ruine, fut démolie vers 1820.

garantie d'indépendance, mais l'obligeait à se tenir constamment sur le pied de guerre. Maître chez lui et dans son domaine, il avait ses vassaux et ses alliés, ses lois particulières et sa justice et n'admettait pas dans ses affaires d'administration l'ingérance de son suzerain. Tels furent les Seigneurs de Cesny au château de la Motte. Ont-ils toujours vécu en paix avec leurs voisins ? Il est permis d'en douter, tant ces nobles châtelains étaient jaloux les uns des autres et chatouilleux sur le point d'honneur. Ils ne supportaient pas la moindre atteinte à leurs droits, la plus légère insulte à leur nom, le plus petit manque d'égard à leur personne, sans faire appel à la force. Ils se battaient pour un arpent de terre, souvent pour un rien.

Ce qui porte à croire que Cesny fut le théâtre de combats meurtriers, c'est la découverte assez récente de nombreux sarcophages enfouis près du château à une faible profondeur. Ils renfermaient, paraît-il, des ceinturons et des armes. Mais peut-être faut-il y voir la trace des deux sièges que la forteresse soutint contre les Anglais.

CHAPITRE III

L'ÉGLISE DE CESNY ET SON PATRONAGE

§ 1er. — *Du patronage*

Les Tesson étaient non seulement de grands seigneurs, mais des hommes de foi comme le proclament des fondations sans nombre au profit des pauvres, des églises et des monastères. Le traité de Saint-Clair-sur-Epte en 911 avait ouvert pour la Normandie une ère de paix religieuse. Rollon n'eut pas plus tôt reçu de Charles le Simple l'investiture de cette province qu'il en devint le Constantin comme il en avait été l'Attila. L'archevêque de Rouen, Francon, le négociateur du traité célèbre, l'instruisit de la religion chrétienne et la grâce du baptême le transforma tout à coup de loup en agneau. « Avant de « partager mes terres entre mes sujets, dit-il « au prélat, j'en veux donner une partie à Dieu, « à la Sainte Vierge Marie et à ces autres Saints « dont vous me parlez et que je veux avoir pour « protecteurs. » Fervent chrétien et administrateur habile, il édicta des lois sages, constitua une bonne police, repeupla les villes désertes, rebâtit les églises ruinées, et se montra le ferme appui du peuple dont il avait été la terreur. Profonde et durable fut l'influence de ce pirate, de ce barbare qui fit succéder aux dévastations et aux pillages la tranquillité de l'ordre et tous les bienfaits de la civilisation chrétienne. L'Eglise eut sous lui et sous ses successeurs la liberté et la protection qui rendirent facile et féconde sa mission près des âmes. Les princes normands et leurs principaux vassaux se firent un devoir et un honneur d'imiter ces grands exemples. Aussi les chartes de fondations et de donations qui datent de cette époque sont innombrables. Ce fut une noble et sainte émulation. Sauf de rares exceptions, ces riches et puissants seigneurs rivalisaient à qui se montrerait le plus religieux et le plus charitable, bien qu'un reste de barbarieperçât encore parfois au fond de leur caractère. Cette ferveur se maintint plus de deux siècles.

Les seigneurs de Cesny ne pouvaient manquer de suivre une coutume si générale. On les vit donc fonder des monastères, créer des abbayes, doter des prieurés, bâtir des églises. Celle de Cesny, dépendance de leur chatellenie, fut un monument de leur piété généreuse.

Primitivement cette maison de Dieu ne fût peut-être qu'une simple chapelle, sous le vocable de Sainte-Marie : quelques chartes concernant l'abbaye de Fontenay, qui la possédait en droit, la désignent sous le titre de chapelle de Sainte-Marie de Cesny.

Le patronage en fut concédé dès l'origine aux religieux de l'abbaye de Fontenay par Robert-Fitz-Erneiz, son fondateur, comme l'établit cette charte d'Henri II, évêque de Bayeux de 1165 à 1205. « Henri, par la grâce de Dieu, évêque de « Bayeux, à tous les fidèles de la sainte Mère « Eglise, salut, grâce et bénédiction. Sachez « tous que Robert-Erneiz a rendu au monastère « de Saint-Etienne de Fontenay l'église de « Sainte-Marie que ses prédécesseurs ont don- « née au dit monastère, ainsi que l'attestent « leurs chartes. Ce que nous confirmons par le « témoignage de notre charte, réserve faite en « tout du droit épiscopal. » (1) Cette charte, précieuse et bien importante, fixe deux points : 1° à ce moment une église était bâtie à Cesny (ce qui permet de préciser l'époque de sa reconstruction); 2° l'abbaye de Fontenay (2) possédait en droit la chapelle ou l'église primitive puisque Robert-Erneiz, en lui rendant l'église de Cesny, ne fait que ratifier la donation de ses ancêtres. Il est donc hors de doute que le patronage de cette église avait été concédé, dès le commencement, à cette abbaye, qui était elle-même une

(1) Extrait du Pouillé de Delamarre, 1786.

(2) Cette abbaye fut construite par Raoul et Robert-Fitz-Erneiz, fils de Raoul et d'Alpaïde, on ne sait au juste à quelque époque, mais assurément avant 1045.

des fondations les plus marquantes de la famille des Tesson.

Le patronage d'une église conférait des droits importants, entre autres celui de nommer à la cure, de posséder l'église avec les dimes et redevances qui en pouvaient dépendre. La défense de ces droits donna lieu à de nombreux procès. Dès sa prise de possession de l'église de Cesny, l'abbaye de Fontenay fut en contestation avec l'abbaye du Val, au sujet de la léproserie du Bois-Halbout. Cette léproserie étant sur le territoire de Cesny, l'abbaye de Fontenay la revendiqua comme une dépendance de l'église de Cesny qu'elle possédait avec *fiefs et dîmes*. Le procès se termina par un arrangement à l'amiable (1). Un autre litige s'éleva entre l'abbé de Fontenay et l'abbé de Hambie duquel dépendait le prieuré de Saint-Nicolas de Buron, au sujet de certains droits sur la forêt et du privilège pour les religieux de célébrer les saints mystères dans l'église de Cesny. La cause fut portée jusque devant le Pape. Une charte du cartulaire de Fontenay rapporte ainsi la solution : « Ce différend, après « avoir été examiné devant des personnes véné- « rables, Odon de Caen, Raduffe d'Ardennes, « abbé, fut apaisé par le seigneur pape Hono- « rius, représenté par des juges délégués qui « réglèrent la chose. Les donations faites par

(1) V. notre *Notice sur l'Hospice du Bois-Halbout*, p. 11.

« Robert-Erneiz au prieur de Saint-Nicolas de « Buron furent confirmées comme aussi tous « les droits paroissiaux, droits sur les dîmes, à « savoir : sur le bois et les herbages, sur les « terres cultivées, sur les jardins, la pâture des « animaux, et sur toutes choses, nonobstant tout « privilège, indult ou indulgence du souverain « Pontife ou d'un prélat quelconque..... En « outre, nos moines ne doivent pas avoir deux « chapelles, l'une à Cesny, et l'autre dans la « forêt, mais ils se contenteront d'une seule « chapelle où les divins mystères seront célé- « brés, à savoir de celle qui a été construite à « Buron..... Et pour que cet arrangement soit « ratifié et stable, nous avons jugé bon d'y ap- « poser notre sceau et celui des juges, l'an du « Seigneur 1218. »

Quelques années plus tard, autre débat entre ces deux abbayes sur la quantité de bois à prendre dans la forêt par les religieux du prieuré de Saint-Nicolas de Buron. Un arrangement, conclu presque aussitôt, est consigné dans une charte de 1242.

Depuis lors, Fontenay semble exercer son patronage sans conteste, au moins jusqu'à l'époque des commendes et peut-être jusqu'au temps des guerres de religion. Plus de contestation avec l'abbaye du Val, au sujet de l'hôpital du Bois-Halbout, ni avec celle de Hambie, par rapport au prieuré de Saint-Nicolas de Buron.

Fontenay fut peut-être entravé par les invasions anglaises dans l'exercice de ses droits sur ce bénéfice. Mais lorsque Henri V d'Angleterre se fut rendu maître de la Normandie, « il « accorda aux religieux de Fontenay plusieurs « privilèges et défendit de les troubler dans « leurs biens et asiles sous peine de dix livres « de forfaiture (1). »

Après le concordat de Léon X et de François Ier, lorsque l'abbaye fut donnée en commende, elle se vit plus ou moins spoliée des droits que lui conférait son patronage. Pour combien de monastères cette innovation fut la ruine! Il est malheureusement trop vraisemblable que les abbés commendataires de Fontenay s'attribuèrent sans scrupule les bénéfices du patronage. Leur souci n'était-il pas de se faire de belles rentes plutôt que d'accomplir les devoirs de leur charge?

Fort ébranlé par la commende, le patronage de l'abbaye de Fontenay sur l'église de Cesny, fut plus que compromis durant les guerres de religion. Le procès-verbal d'une visite faite à l'abbaye par l'évêque de Bayeux en 1581 constate qu'elle était entre les mains du capitaine de Sourdeval et qu'un huguenot administrait comme intendant la mense abbatiale. Dans l'étude qu'il lui a consacrée, M. Pierre Carel dit qu'elle ne jouissait plus en 1704 que de faibles revenus:

(1) *Etude sur l'ancienne abbaye de Fontenay*, par P. Carel, p. 51.

« les guerres de religion principalement avaient « amené sa ruine et l'avaient dépouillée de ses « richesses. »

Cependant, jusqu'à la Révolution, elle ne perdit jamais complètement son droit de présentation à la cure. Mais, s'il s'agissait d'une simple permutation ou d'une résignation, elle n'intervenait pas. Ce cas s'est présenté quelquefois, ainsi que le prouve un acte consigné dans les registres de catholicité, devenus obligatoires depuis l'édit royal de 1691. Voici, tel que nous l'avons relevé, cet acte qui montre le mode d'élection à la cure en usage alors :

« Le dimanche, 19e de novembre mil sept « cent treize, à l'issue de la messe paroissiale « de Cesny-en-Cinglais, devant nous, Guillau- « me Goujet, prêtre vicaire du dit lieu, à la « requête de Maître Pierre Thébaut, prêtre « curé de la dite paroisse, se sont assemblés les « paroissiens en général, afin d'accepter et « choisir un curé et successeur au dit sieur Thé- « baut et qui lui convienne. Pour cet effet, ne « voulant le dit sieur en proposer aucun ni « résigner son bénéfice qu'au préalable il n'eût « conféré avec les dits paroissiens, comme les « en ayant toujours priés, et pour cet effet leur « a proposé les personnes de Maistre Jean-Jac- « ques de Brossard, escuyer, prêtre de la dite « paroisse de Cesny, Maistre Jacques Fossard, « prêtre et vicaire de Croisilles, Maistre Jac- « ques Le Roy, curé de Placy, Monsieur de

« Bons, vicaire de Meslay, Monsieur du Ches-
« nay, prêtre vicaire d'Harcourt, Guillaume
« Goujet, prêtre vicaire de Cesny, sur lesquels
« le dit curé à jeté les yeux et cru qu'il pouvait
« en conscience se décharger du soin de la dite
« paroisse et en bien remplir les fonctions;
« pour quoi demandait aux dits paroissiens
« lequel des dits sieurs de Brossard, Fossard,
« Le Roy, de Bons, du Chesnay et Goujet leur
« conviendrait. A quoi les dits paroissiens sous-
« signés et dont les noms en suivent ont répon-
« du et prié le dit curé de vouloir bien leur
« donner la personne de Guillaume Goujet. Ce
« qu'ils ont signé au manoir presbytéral de
« Cesny. Suivent les signatures : »

Henry Aupois, Pierre Ballière, Pierre Planquette, Mathieu du Hamel, Pierre Bisson, etc.

Comme on le voit, nulle allusion au patronage de l'abbaye. Quand le curé voulait résigner son bénéfice, il désignait à ses paroissiens plusieurs prêtres approuvés qui avaient sa confiance et les invitait à choisir parmi eux son remplaçant. Hormis ce cas unique, c'est toujours l'abbé de Fontenay qui présentait à la cure de Cesny. Nous avons la preuve authentique qu'il usa de ce droit jusqu'à la Révolution dans le procès-verbal de la visite de M. le Grand-Vicaire d'Audibert de la Villane, en date du 18 juin 1781. Son en-tête porte : Procès-verbal de visite en la paroisse de Cesny-en-Cinglais, sous l'invocation de la Sainte Vierge. A la nomination de M. l'abbé de Fontenay.

Le Pouillé de Delamarre affirme la même chose en 1788. L'abbaye de Fontenay a gardé par conséquent son droit de nomination jusqu'à la Révolution.

§ 2e. — *L'église*

Au haut du village de Cesny est située l'église, en un lieu appelé la Baronnie, point central où, pour l'exploitation de leurs terres, les barons de la Motte avaient établi leur principale ferme.

Il est fait mention dans des chartes très anciennes de la chapelle de Sainte Marie de Cesny. L'église actuelle est-elle cette chapelle primitive ou bien un édifice plus considérable qui l'a remplacée ? Cette seconde supposition nous parait la plus vraisemblable. Sans doute l'église a pour patronne la Très Sainte Vierge; mais elle a dû prendre et la place et le titre de la chapelle.

Reste à savoir quelle est cette église, à quelle époque elle remonte. C'est incontestablement celle dont Robert-Fitz-Erneiz VI, dans une charte de 1217, confirma la donation déjà faite par un de ses ancêtres à l'abbaye de Fontenay. Ce fut sans doute à l'occasion de son achèvement qu'il voulut en renouveler l'hommage. Une charte de Henri II, qui occupa le siège épiscopal de Bayeux de 1165 à 1202, atteste qu'un de ses ancêtres en avait fait une première donation, probablement lorsqu'elle était construite en grande partie et qu'on y pouvait célébrer les Saints Mystères. La charte, ne portant point de date, ne permet pas de préciser l'année.

Il suffit d'examiner dans le détail et dans l'ensemble l'architecture du monument pour reconnaître qu'il est de la fin du XIIe et du commencement du XIIIe siècle. Le chœur et la tour portent le cachet du XIIe siècle.

Au style ogival primitif s'associe l'architecture nouvelle qui présente moins un contraste qu'une transition. En beaucoup d'endroits les ogives se marient aux cintres. La principale arcature des trois grandes fenêtres du chœur est cintrée et elle encadre trois autres arcatures de forme ogivale. Le petit portail, sous la tour, à l'entrée du chœur, est cintré, mais l'ornementation de ses chapiteaux et de son archivolte a l'élégance du style gothique.

La nef n'offre rien de semblable. Son beau portail, récemment restauré, est ogival ; toutes ses fenêtres, étroites et allongées, sont de vraies lancettes, suivant l'expression des antiquaires anglais, mais sans ornements ; sa grande fenêtre d'en bas, percée dans le gable, est surtout caractéristique : entre les pointes de ses lancettes géminées et le sommet de son arcade principale, elle a une ouverture en forme de cercle ou de rosace. Partout se rencontrent les formes élégantes et les heureuses proportions qui caractérisent l'architecture du XIIIe siècle. Il nous semble donc rationnel de placer la construction de l'église entre la fin du XIIe et le commencement du XIIIe siècle.

Elle ne tire pas seulement de son architecture, mais de ses belles proportions et de son heureuse ordonnance une valeur artistique. Après le chœur et le sanctuaire, se déroule une vaste nef avec des bas-côtés très importants. Les voûtes du chœur et de la nef sont en plâtre, celles des bas-côtés en pierre ; les unes et les autres s'harmonisent admirablement avec le reste de l'édifice.

Vieux de sept siècles, le monument garde extérieurement sa physionomie première. Deux petites fenêtres de la nef, voisines des chapelles des bas-côtés, ont été élargies pour donner plus de lumière. Le bon goût n'a pas suffisamment présidé à cette modification, qui remonte à plus d'un siècle. La grande fenêtre du chevet reste en partie bouchée. Quel aspect n'aurait-elle pas, entièrement dégagée et ornée d'une belle verrière ! Elle a cinq mètres de haut et le vitrail de deux mètres du sommet appelle un complément qui serait d'un effet superbe.

Le portail de la nef est entièrement neuf. Une simple restauration, préférable aux yeux d'un antiquaire, possible encore il y a cinquante ans, fut vainement tentée avant la restauration actuelle qui n'est qu'une exacte copie du passé. Les colonnes, les moulures, la sculpture des chapiteaux, tout est fidèlement reproduit. Sculpteur, entrepreneur et architecte (1) ont parfaitement réussi dans cette œuvre difficile et délicate. Quand les années l'auront noirci, on pourra se croire en présence du portail primitif.

Sauf les bas-côtés de la nef, tout l'intérieur de l'église a subi des changements notables. Les belles voûtes du chœur et de la nef datent d'environ quarante ans : elles sont dues au zèle et à la générosité d'un vénérable curé, qui concou-

(1) L'architecte est M. Bouillard de Falaise, l'entrepreneur, M. Mignot de Cesny, le sculpteur, M. Guillot de Bayeux, bien connu par ses travaux à la cathédrale.

rut très largement à la dépense. On lui doit aussi la grande sacristie du chevet de l'église, le maître-autel en marbre blanc, imposant et majestueux, les deux autels des chapelles des bas-côtés qui ne correspondent guère au caractère de l'édifice, enfin divers travaux auxquels n'a pas toujours présidé un goût irréprochable. Des trois grandes arcades ogivales qui séparent chaque bas-côté de la nef, une seule, la plus rapprochée de la tour, se dessine avec des moulures ; les autres ont un simple chanfrein qui abat l'arête des assises.

La tour sépare le chœur de la nef. Elle dresse à l'extérieur sa masse carrée qui se termine par un toit en bâtière. Il faudrait, pour prendre une forme architecturale, qu'elle fût percée d'au moins deux fenêtres, dans le style de l'édifice, et que le toit, à double égout, fût en pierre.

Autrefois le chœur et les bas-côtés de la nef étaient pavés de pierres tombales ; mais l'usure a forcé de renouveler le pavage de l'église entière. Dans le chœur et dans la nef il est en céramique. Une belle mosaïque orne le sanctuaire avec le chiffre de la Sainte Vierge au milieu. Les pierres tombales n'ont pas été enlevées, et servent de base au pavage nouveau. Comme presque toutes portaient des noms de la famille de Brossard, deux plaques en marbre noir, encastrées dans les pavés du haut du chœur, en perpétuent le souvenir par une double inscription.

Telle est l'église de Cesny, rajeunie par une restauration intelligente, plus belle peut-être qu'au jour où elle se dressa comme un magnifique témoignage de la foi des seigneurs de Cesny. Près d'elle, depuis sept siècles, se sont couchés dans le sommeil de la mort et dans l'attente de la résurrection, les chrétiens qui ont prié devant son autel. Le monument de pierre, vainqueur du temps, a vu changer toutes choses, sauf la religion immuable à laquelle il est consacré. Les hommes, les familles, les mœurs, les institutions du Moyen-Age ont disparu ; mais l'église matérielle et l'église spirituelle relient indéfiniment les générations successives. Le *Credo* du xxe siècle comme celui du xiiie résume la doctrine de Celui qui a dit : Je suis la vérité. La vie humaine est toujours une croix à porter, une épreuve à subir pour mériter au ciel le bonheur de Dieu lui-même. Les impies de nos jours, conséquents avec eux-mêmes, voudraient, après l'Etat sans Dieu, après l'école sans Dieu, le village sans église. C'est aux chrétiens d'empêcher de prévaloir la conception sociale de l'athéisme et de mettre la liberté de leur foi, conquise par le sang des martyrs, au premier rang des libertés nécessaires. Ils ont à se défendre contre la Révolution qui prétend faire table rase de leurs croyances et qui ne reculerait pas devant la fermeture et la destruction de leurs églises.

Les anciens du pays s'accordent à affirmer qu'il y avait autrefois une chapelle au bas du hameau de Cesny, dans un champ où l'on a découvert de nombreux sarcophages. Cette chapelle était sous le vocable de Saint-Vigor et la rue qui longe le champ garde encore le nom de rue Saint-Vigor. Quelle était cette chapelle ? De qui dépendait-elle ? Quelle date lui assigner ? Autant de questions que les simples souvenirs des plus vieilles familles de la commune ne permettent pas de résoudre.

Le château avait lui-même sa chapelle particulière, dédiée à Saint-Georges. Une note du Pouillé de Delamare nous apprend qu'elle fût transférée au château d'Harcourt, quand le château de Cesny fut abandonné. Il est probable qu'elle était desservie par un moine de l'abbaye de Fontenay, en faveur de laquelle les seigneurs de Cesny avaient fait leurs principales fondations.

CHAPITRE IV

LE SERVICE PAROISSIAL

§ 1er. — *Le personnel de la Cure.*

L'abbaye de Fontenay possédant le patronage de l'église de Cesny et le droit de nommer à la cure, choisissait-elle un prêtre séculier plutôt qu'un de ses religieux ? Nous ne le pensons pas. Car, si l'usage de confier une paroisse à des moines ne s'est conservé jusqu'à la fin que chez les chanoines réguliers de Saint-Augustin et chez les Prémontrés, il avait été d'abord commun à toutes les institutions monacales (1). Ce fut donc un moine qui desservit d'abord cette paroisse, et qui fut son curé en titre. Selon toute probabilité, un autre religieux lui servait d'auxiliaire à cause de l'étendue de la commune.

Nous ne saurions dire combien dura ce régime ni comment ces moines-pasteurs exerçaient le saint ministère. Pendant les mauvais jours de l'occupation anglaise, quand des soldats pillards assiégèrent et ensuite occupèrent la forteresse

(1) Laffetay, *Histoire du diocèse de Bayeux.*

de la Motte, leur mission fut dure et périlleuse. Assurément le moine-curé ne déserta pas son poste, et, dans la mesure du possible, il arrêta le brigandage. Mais, bien que son autorité fût reconnue, quelle médiation délicate et difficile à exercer entre un vainqueur insolent, tyrannique, insatiable et un peuple irrité de son abaissement et de son impuissance ! La paix rétablie, que de blessures à panser, que de détresses à secourir, que de désordres à réparer ! Mais Dieu seul connaît ce que nous serions heureux de rapporter à la louange des premiers pasteurs de Cesny. Il ne nous reste rien des *acta memoranda* dans lesquels, suivant l'usage de leur Ordre, les religieux relataient les événements remarquables auxquels ils avaient été mêlés (1).

Avant le fléau des abbés commendataires, Fontenay conserva, grâce à ses abbés réguliers, sa ferveur et son prestige. Ses religieux remplissaient les charges qui leur étaient confiées sous sa surveillance et son contrôle. Ce fut donc un bonheur pour Cesny de voir ses intérêts spirituels entre les mains de ces moines qui en firent une paroisse profondément religieuse. Tombée en commende, l'abbaye de Fontenay, selon toute vraisemblance, cessa d'envoyer ses religieux et se contenta de nommer à la cure.

Sur les curés de Cesny nous ne possédons aucun renseignement antérieur à l'année 1691. A partir de l'édit d'octobre 1691, relatif à la tenue

(1) *Etude sur l'abbaye de Fontenay.*

des registres de catholicité, l'église eut ses archives. On y trouve les noms des sept curés qui l'administrèrent durant cette période d'un siècle, jusqu'à la Révolution.

Le premier, dont nous trouvons la signature en 1691, est l'abbé Lenormand. Il eut pour successeur l'abbé Thébault, qui fut curé vingt ans, de 1693 à 1713. A peine installé, le nouveau pasteur fut honoré de la visite de Monseigneur de Nesmond. Comme le Bois-Halbout venait d'être enlevé par un nouvel édit de Louis XIV aux chevaliers du Mont-Carmel et de Saint-Lazare qui l'avaient malheureusement possédé plus de quinze ans (1), il s'agissait d'y rétablir l'hospitalité. De concert avec l'abbé du Val, le marquis de Thury, héritier des Tesson, seigneur de Cesny, avait prié l'évêque de Bayeux d'en faire la visite canonique et, pour obtenir le retour au passé, de communiquer son procès-verbal au roi.

Le 12 novembre 1693, se tenait à Cesny une de ces assemblées du clergé qu'on appelait Calendes, parce qu'elles avaient lieu dans les premiers jours du mois, ordinairement présidées par l'évêque ou par son vicaire-général (2). Monseigneur de Nesmond saisit cette occasion. Le matin, il présida l'assemblée et, le soir, conduit au Bois-Halbout par le clergé en procession, il

(1) V. notre *Notice sur l'hospice du Bois-Halbout*, p. 24.
(2) Laffetay, *Hist. du diocèse de Bayeux*.

fut reçu par l'abbé du Val, M. Druel, au milieu d'une foule enthousiaste. Il visita l'hospice et dicta ensuite ce procès-verbal qui mérite d'être cité en entier :

« L'an 1693, le douzième jour de novembre, « après midi, nous, François de Nesmond, par « la grâce de Dieu et du Siège Apostolique, « évêque de Bayeux.....

« En continuant nos visites épiscopales, ac- « compagné de nos officiers ordinaires, et en « conséquence des requêtes à nous présentées « par dom Nicolas Druel, abbé du Val, Ordre de « Saint-Augustin, en notre diocèse, collabora- « teur du prieuré régulier de l'hôpital du Bois- « Halbout, et Messire Louis d'Harcourt, cheva- « lier, marquis de Thury et de Cesny, au nom et « comme fondateur dudit hôpital, nous nous « sommes transporté de l'église paroissiale de « Cesny, à l'issue de la Calende du doyenné de « Cinglais par nous tenue en la dite église pa- « roissiale, au village du Bois-Halbout, susdite « paroisse de Cesny, pour visiter l'hôpital de ce « lieu afin que, sur notre procès-verbal, Sa Ma- « jesté en son conseil juge s'il est expédient d'y « rétablir l'hospitalité ainsi qu'elle y a toujours « été observée jusqu'à l'an 1677, que les cheva- « liers de Saint-Lazare y furent maintenus par « arrêt de la Chambre royale, ou bien d'en unir « les revenus et les appliquer à l'hôpital le « plus proche pour y aider les pauvres dudit

« lieu du Bois-Halbout et des lieux circonvoi-
« sins, qui ont droit d'y être reçus et entrete-
« nus en nombre proportionné au revenu. C'est
« pourquoi nous avons indiqué notre dite visite
« à ce jour, lieu et heure, et procédé à icelle en
« présence du dit sieur abbé du Val, du sieur
« curé de Cesny et de plusieurs autres ecclésias-
« tiques et peuple de ce lieu en grand nombre,
« le dit seigneur marquis de Cesny étant absent
« en la ville de Caen pour ses affaires, ainsi
« qu'il nous l'a fait savoir. Nous avons trouvé
« une chapelle dans un grand enclos, d'environ
« cinq arpents de terre, partie entouré de mu-
« railles et l'autre partie de fossés et de haies
« vives. La dite chapelle est grande et suffisam-
« ment décorée, ayant deux bas-côtés, l'un des-
« quels servait anciennement à mettre les
« lépreux pendant l'office, l'autre des bas-côtés
« et la nef à recevoir le peuple ; le chœur, séparé
« de la nef par une balustrade, dans lequel se
« mettaient le Prieur et ceux qui aidaient au
« service. Le tout en bon état de réparations
« par le soin du dit sieur abbé du Val, lequel on
« nous a dit avoir fait refaire à neuf la char-
« pente et couverture peu de temps avant qu'il
« en eût été évincé. Et dans la grande cour en
« entrant, à droite, à côté du portail qui est de
« pierre de taille, et qui donne sur la place de
« la foire du dit lieu, est une chambre pour le
« portier ; et un peu plus bas, du même côté,
« deux granges, une bergerie et autres com-

« modités pour le fermier ; et du côté gauche du « dit portail, deux salles servant à loger les « pauvres, auprès desquelles était la maison du « Prieur, laquelle a besoin d'être réparée ; et « dans le fond, vis-à-vis la grande porte, un « corps de logis de quatre-vingts pieds de lon- « gueur, destiné pour le logement de l'adminis- « trateur, composé de salles basses, chambres « hautes, pressoir et cuvier à côté, et muni des « commodités nécessaires pour l'économie et « l'administration du dit hôpital. Un peu plus « bas une grange et un bûcher, un colombier « au milieu dudit enclos, un grand puits par « derrière, de bonne eau et plus que suffisante « pour les besoins. A côté de la chapelle, un « grand jardin potager, fermé de murailles en « bon état. Le surplus de l'enclos consistant en « prés et petits bocages qui rendent la maison « agréable, commode et fort saine. Et hors « l'enclos, par le derrière, une place au paturage « d'environ 6 arpents, laquelle avait été cou- « verte de bois en futaie jusqu'au temps où les « chevaliers en ont été mis en possession, qu « l'ont vendue. Et autour dudit hôpital, plus de « cent arpents de terre labourable qui en dé- « pendent avec quelques fiefs et autres biens « qu'on nous a dit monter à plus de 1.500 livres « de rente par chacun an, revenu suffisant pour « faire subsister douze pauvres qu'on doit y « loger suivant la fondation et qu'on y avait « entretenus jusqu'en 1677, au lieu et place

« des lépreux et à leur défaut. De sorte que les « pauvres, ayant été privés de ce secours, ont « beaucoup souffert, parce que, outre les assis- « tances temporelles, ils étaient instruits dans « la religion par ceux qui régissaient le dit « hôpital, où on disait régulièrement la sainte « messe les fêtes et dimanches, prêchait trois « fois l'an, savoir : le Vendredi-Saint, le lundi « de la Pentecôte et le jour de saint Jacques et « de saint Christophe, patrons de la chapelle, et « faisait des catéchismes et instructions qui « étaient d'autant plus nécessaires que, le Bois- « Halbout étant voisin de plusieurs hameaux « qui sont éloignés de leurs paroisses, où même « il n'y a qu'une messe à cause que leur revenu « ne permet pas d'y établir des vicaires, les « peuples qui y accouraient en grand nombre « étaient instruits, ainsi que nous l'avons appris « et qu'il paraît par le procès-verbal que notre « doyen de Cinglais en a dressé par notre ordre « le 19e de mai 1674. Lequel hôpital il est d'au- « tant plus aisé de rétablir au dit lieu du Bois- « Halbout qu'outre les revenus qui sont suffi- « sants, ces lieux sont très propres et sont dis- « posés pour y recevoir les pauvres qui, par la « fondation, doivent y vivre en commun sous les « disciplines des religieux de l'abbaye du Val, « Ordre de Saint-Augustin. Pourquoi nous esti- « mons que Sa Majesté peut ordonner, s'il lui « plaît, que lesdits sieur Abbé du Val et sei- « gneur Marquis de Cesny seront remis en pos-

« session du droit qui appartient à chacun « d'eux dans le dit hôpital du Bois-Halbout, sui- « vant la fondation.

« Fait ledit jour et an que dessus, en pré- « sence que dit est et de dom Jean Valot, curé de « Barbery, maître Adrien Moulin, curé de Saint- « Germain-le-Vasson, maître Pierre Thébault, « curé de Cesny, qui ont signé avec nous et « plusieurs autres. »

Signé : Nicolas, abbé du Val. — François-Jérôme Bertin, prieur de Barbery. — Moulin, curé de Saint-Germain-le-Vasson. — Le Manier, prieur de Tournebu. — Le Barilier, curé de Fontaine-Halbout. — Thébault, curé de Cesny et Valot, curé de Barbery.

Malgré l'estime et la vénération, dont il était entouré, l'abbé Thébault ne voulut pas mourir curé de Cesny. Craignant que son âge avancé et ses forces diminuées ne lui permissent pas de continuer son ministère, il n'hésita pas à résigner son bénéfice. Il s'en remit à ses parois- siens du choix de son successeur, leur désignant les prêtres qu'il jugeait les plus dignes et parmi eux son vicaire, qui possédait toute sa confiance. Les suffrages s'étant réunis sur le vicaire, il lui transmit sa charge par un acte que nous avons rapporté plus haut.

Après l'abbé Thébault, l'abbé Gouget fut curé de Cesny pendant quatre ans, de 1713 à 1717 ; —

l'abbé Leroy, pendant huit ans, de 1717 à 1725; — l'abbé Dumont, pendant quinze ans, de 1726 à 1741; — l'abbé Mottelay, pendant six ans, de 1741 à 1747; — l'abbé Pelcerf, pendant vingt-neuf ans, de 1747 à 1776; — un autre abbé Pelcerf, neveu du précédent, pendant 48 ans, d'abord de 1776 à 1792, puis de 1800 à 1832.

Le 31 mars 1787, l'inventaire du Bois-Halbout fut dressé après la mort de dom Guérin, prieur de l'hospice. Chargé par l'évêque de Bayeux de cette mission de confiance, l'abbé Pelcerf la remplit de concert avec l'abbé Rétout, curé d'Harcourt et M. Lebart, bailli d'Harcourt. Il vit bientôt après éclater la Révolution qui l'obligea pendant huit ans à se tenir comme un proscrit éloigné de sa paroisse.

§ 2e. — *Temporel de la Cure*

Un document authentique nous renseigne sur le temporel de la cure de Cesny, au moins pour le temps où l'abbaye de Fontenay avait conservé ses droits sur l'église. C'est une note du Pouillé Delamare de 1786, indiquant la répartition des dîmes de la commune.

1° A Saint-Etienne de Fontenay, le tiers des dîmes, dix acres de terre et la dîme d'un moulin (donation de Robert-Fitz-Erneiz VI.) — Il avait reçu antérieurement de Raoul Ier et de la veuve de son frère Robert Ier, la dîme d'un haras (*equariæ*) qu'ils avaient à Cesny (1).

2° A la chapelle Saint-Georges de La Motte, le tiers des dîmes, plus quelques terres.

3° Au curé de Cesny, le tiers des dîmes.

Mais, pour le temps où Fontenay fut déchu d'une partie de ses droits sur l'église de Cesny, les renseignements précis nous manquent. Peut-être se trouvent-ils aux archives de l'Orne, Cesny-en-Cinglais dépendant alors de la généralité d'Alençon. Nous y suppléons par le témoignage des vieillards de Cesny, écho d'une tradition très rapprochée qui attribuait à la cure des revenus en terre assez considérables (2). Avant la Révolution, le curé avait toujours sa part des grosses dîmes. Outre un jardin et un enclos, le presbytère comprenait dans ses dépendances des terres que la Révolution a vendues. Seule une parcelle d'un ou deux arpents, située dans la campagne de Meslay, échappa aux destructeurs sacrilèges de la propriété ecclésiastique. Le presbytère ne fut pas aliéné et devint propriété communale.

(1) Note de l'abbé Lefournier, dans son *Essai sur l'abbaye du Val*, p. 57.

(2) D'après une note du chanoine Niquet, le revenu de la cure de Cesny-en-Cinglais était de 1558 livres. En 1792 la paroisse comptait 550 habitants.

CHAPITRE V

ADMINISTRATION TEMPORELLE DE CESNY-EN-CINGLAIS JUSQU'EN 1789.

§ 1er. — *Les familles seigneuriales qui ont gouverné la Commune.*

Le dicton populaire : Il fait bon vivre sous la crosse, n'était pas au moyen-âge une plainte indirecte contre l'autorité seigneuriale. La bienfaisance d'un côté et la reconnaissance de l'autre cimentèrent longtemps l'union entre la noblesse et le peuple. Ce que furent ses bons rois pour la France, les seigneurs de Cesny le furent en particulier pour leur village et pour la contrée. Aussi n'est-ce pas comme une menace contre leur liberté, mais comme une garantie de leur sécurité que les paysans virent s'élever le château de la Motte. Car il leur fallait, dans ces temps de petites guerres et de continuels brigandages, la protection d'une citadelle. Ils surent gré à l'illustre famille des Tesson de leur procurer, dans le travail, la paix et le bien-être. Leurs intérêts matériels n'étaient pas négligés par ceux qui prenaient tant à cœur leurs intérêts spirituels et qui puisaient dans leur foi chrétienne un esprit de justice. Il semble donc que les habitants de Cesny vécurent, dans ces siècles de fer, sous un gouvernement paternel, l'Eglise étant là pour imposer aux maîtres comme aux sujets la loi de l'Evangile.

A la fin du XIIIe siècle, les Tesson de la branche de Robert-Fitz-Erneiz, transmirent par alliance leurs biens et leurs droits à la famille des Tournebu. Puissante au moyen-âge et jusqu'au milieu du XVIe siècle, cette famille se montra par sa foi et son dévouement la digne héritière des nobles bienfaiteurs de Cesny. Elle se garda bien de laisser tomber en désuétude ses droits de patronage et de contrôle sur les anciennes fondations. Mademoiselle Alix de Tournebu alla jusqu'à revendiquer la nomination de l'administrateur temporel du Bois-Halbout et elle obtint un concordat d'après lequel cet administrateur, choisi par le seigneur de Cesny entre deux ou quatre religieux présentés par l'abbé du Val, devait chaque année rendre ses comptes en présence du seigneur et de l'abbé (1). Les Tournebu défendirent la forteresse de Cesny quand les Anglais en firent deux fois le siège.

A la fin du XVe siècle, le domaine de Cesny passa encore par alliance aux mains de la famile

(1) Voir notice sur l'hospice du Bois Halbout.

d'Harcourt. Aussi longtemps qu'elle a été en possession du château et des terres de la Motte, cette famille n'a cessé d'être la providence de la commune. En 1653, le marquis d'Harcourt réunit au Bois-Halbout les revenus et les dépendances de la chapelle de la Brillette (1), c'est-à-dire de l'ancienne léproserie d'Urville. L'hospice du Bois-Halbout a reçu depuis d'autres preuves de la générosité de cette noble famille.

Le XVIIe siècle ne s'acheva pas sans voir le morcellement du vaste domaine de la Motte. Un mariage unit la famille de Brossard à la famille d'Harcourt. Le nouveau seigneur auquel son épouse apportait en dot toute la partie sud du territoire de Cesny, voulut se bâtir un château en un lieu appelé Bossy, sur une éminence qui domine la vallée. Ce château ne rappelait d'aucune façon la forteresse de la Motte. C'était un beau manoir au bout d'une splendide avenue avec un encadrement de bois de haute futaie, dans un site enchanteur. La famille de Brossard en fit sa résidence, tandis que la famille d'Harcourt avait laissé tomber en ruine, sans jamais l'habiter, le château de la Motte.

Les châtelains de Bossy tinrent à honneur d'enrichir de leurs dons la maison de Dieu. Voilà pourquoi la plupart d'entre eux y furent inhumés, privilège réservé aux bienfaiteurs

(1) Ibid., p. 26.

insignes. Un prêtre de leurs parents, l'abbé Jean-Jacques de Brossard, figurait parmi les candidats que le vieux curé de Cesny, l'abbé Thébault, proposait en 1713 au choix de ses paroissiens, invités à élire son successeur. Le préféré, comme nous l'avons vu, fut le vicaire de Cesny sur le nom duquel se réunirent tous les suffrages. L'acte du registre de catholicité qui rapporte cet évènement donne à l'abbé de Brossard le tite d'escuyer qui était le premier titre de noblesse. Les pierres tombales de la famille de Brossard, disséminées dans le chœur, dans la nef et dans les bas côtés, étaient trop usées pour qu'on pût déchiffrer les dates et les prénoms. Celle de l'abbé de Brossard gardait seule cette inscription lisible :

CI-GIT
JEAN-JACQUES DE BROSSARD
prêtre de ce lieu
1743

Après la Révolution, les descendants des Brossard, revenus au château de Bossy, reprirent leurs habitudes de piété et de bienfaisance. La famille s'est éteinte avec Marguerite-Frédérique-Erhman de Brossard, qui fut mariée en première noce au sieur Steinmetz et en dernière au sieur Jonnard et qui mourut à Nice, vers 1867. Elle a laissé une fondation en faveur des pauvres de Cesny qui ont grand sujet de bénir sa mémoire (1).

Vendu pendant le premier mariage de Marguerite de Brossard avec M. Steinmetz, le château de Bossy a subi depuis bien des vicissitudes. Il a perdu son avenue, ses bois, ses bosquets. Depuis soixante ans, il est passé par bien des mains et il a vu, à chaque mutation, diminuer ses dépendances. Son avant-dernier acquéreur n'a rien épargné pour le restaurer avec goût. Une riche famille du pays en est actuelle-

ment propriétaire. Au milieu des massifs d'arbustes, des corbeilles de fleurs et des vastes pelouses qui l'entourent, il offre une délicieuse et somptueuse retraite et tout le charme de la vie champrêtre.

Les registres de catholicité nous permettraient de suivre la généalogie d'un certain

(1) Testament olographe en date du 14 mai 1867 à Nice

nombre de familles de Cesny dont les membres ou bien ont pris part aux évènements de la fin du XVIIIe siècle, ou bien ont rempli des fonctions importantes pendant le cours du XIXe. Mais cette étude n'est qu'un résumé de l'histoire de la commune et le moment n'est pas venu de rappeler les faits qui ont pu mettre ces familles en relief et les signaler à la reconnaissance publique.

§ 2e. — *L'enseignement primaire.*

Nous venons de voir quelle a été, longtemps avant la Révolution, l'importance de Cesny-en-Cinglais. Est-il à supposer qu'une telle commune fût dépourvue d'une école où l'on apprit à lire et à écrire ? Nous sommes loin de le penser et voici pourquoi :

« C'est un fait aujourd'hui démontré par les « documents les plus authentiques et spécialement par les patientes recherches de Taine, « qu'avant la Révolution, les petites écoles « étaient très nombreuses dans les campagnes. « Dans certaines provinces, dans la Normandie « notamment, on en comptait presque autant « que de paroisses, et, pour toute la France, au « moins 25.000 pour 37.000 paroisses. En 1789, « quarante-sept hommes sur cent savaient lire « et écrire (1). »

(1) De Panthou, *Monographie de la commune d'Evrecy*, page 143.

Si donc presque tous les villages de Normandie avaient leur petite école, il ne paraît pas possible de ranger Cesny parmi le petit nombre de ceux qui en étaient privés. Cette preuve indirecte est corroborée par une autre très positive. Les habitants de Cesny savaient en général lire et écrire, puisque beaucoup d'entre eux ont signé comme témoins les actes de naissance, de mariage et de décès, consignés dans les registres de catholicité de 1691 à 1790. Ces signatures, nombreuses et variées, attestent des mains suffisamment exercées à tenir la plume.

Nous voudrions citer quelques noms d'instituteurs. Nous n'en avons découvert qu'un seul. Dans son procès-verbal de visite de la paroisse de Cesny-en-Cinglais, M. d'Audibert, vicaire-général, nomme cet instituteur Pierre Denize, et dit qu'il était constitué par lettres en règle de M. l'Ecolâtre. Taine qui traite le sujet avec tant d'érudition et de compétence, constate et explique la diffusion des écoles primaires. « Ces « écoles, dit-il, ne coûtaient rien au Trésor, « presque rien aux contribuables, très peu aux « parents. En beaucoup d'endroits, des congré- « gations, entretenues par leurs propres biens, « fournissaient les maîtres et les maîtresses. « Ailleurs, le curé était tenu, par le statut de « sa cure, d'enseigner lui-même, ou de faire « enseigner par son vicaire. Un très grand « nombre de fabriques ou de communes avaient

« reçu des legs pour l'entretien de leur école ;
« souvent l'instituteur jouissait, par fondation,
« d'une métairie ou d'une pièce de terre. De
« plus, s'il était laïque, il était exempt des plus
« lourds impôts. En qualité de sacristain,
« bedeau, chantre, etc... il avait quelques petits
« profits. Enfin, chaque enfant lui payait quatre
« ou cinq sous par mois. »

La charge d'instruire nous semble avoir été imposée par quelque fondation faite à la cure de Cesny. Le curé a pu, selon les circonstances, tantôt la remplir lui-même, tantôt la confier à son vicaire, lorsqu'il en avait un, tantôt la déléguer à un instituteur investi en même temps des fonctions de custos ou de chantre. Le service était modeste, mais il avait son importance. Le curé pouvait d'autant moins négliger ce puissant moyen d'action sur l'enfance que l'instruction primaire et l'instruction religieuse se prêtaient alors un mutuel appui.

DEUXIÈME PARTIE

CESNY-EN-CINGLAIS DEPUIS LA RÉVOLUTION JUSQU'A NOS JOURS

CHAPITRE PREMIER

CESNY-EN-CINGLAIS PENDANT LA RÉVOLUTION

Le mot de Révolution caractérise bien l'œuvre entreprise à la fin du XVIIIe siècle pour arracher la France au christianisme. La semence d'impiété, jetée par Voltaire et Rousseau au milieu d'une société cyniquement corrompue, allait porter ses fruits. Loin de reculer devant une rupture avec le passé, on la voulait prompte, radicale et violente. La France avait besoin d'être ramenée au sentiment du devoir, au respect de l'autorité, à l'amour de l'ordre : la Révolution la précipita dans l'anarchie. Après l'avoir enguirlandée de la fameuse devise :

Liberté, Egalité, Fraternité, elle la fit piétiner, durant dix longues années, dans le sang et dans la boue. Taine a versé sur les sottises, les folies et les incohérences comme sur les crimes et les horreurs de la Révolution des flots de lumière vengeresse. Il faut lire dans son histoire ce que la France eut à souffrir du jacobinisme liberticide. Il juge en philosophe la Constitution civile du clergé, l'abolition des Ordres religieux, la confiscation du patrimoine ecclésiastique, la suppression du droit d'association, sous prétexte d'empêcher les individus de se coaliser contre l'Etat ou de se mettre eux-mêmes en esclavage, enfin la conception d'une République qui n'admettait d'autre fondement de la morale et du droit, d'autre garantie de la justice de ses lois, d'autre principe de l'autorité de ses magistrats, que la souveraineté, l'instabilité, l'irresponsabilité du nombre. Les impies qui ne voulaient plus de Dieu comme base de l'ordre social, mettaient le peuple à sa place. Et le peuple accepta de ne relever que de lui-même et il tomba sous le joug des exploiteurs de sa crédulité. Au lieu de la réforme sage qui devait se faire en conservant du passé tout ce qu'il avait de bon et d'honnête, la France eut la Révolution insensée dont les principes semaient partout le désordre et la ruine.

Paris donna le ton et bientôt le verbiage démagogique, les mesures d'intolérance, les décrets de proscription furent à l'ordre du jour dans les moindres villages. Réfractaire à la Révolution par le ferme bon sens de sa population chrétienne, Cesny fut à l'abri de bien des vexations tyranniques ; mais il ne put se soustraire à la désorganisation générale. Laissons parler les faits : ils ont leur éloquence Les plus importants se rapportent à la religion, à l'administration municipale et à l'enseignement primaire. Il nous suffira de les mettre en relief pour avoir un tableau saisissant de Cesny pendant la Révolution.

I. — La Religion à Cesny-en-Cinglais pendant la Révolution.

Comme le but et le résultat de la Constitution civile du clergé fut d'introduire en France un schisme religieux, nous parlerons séparément du culte catholique et du culte officiel schismatique.

§ 1er. — *Le culte Catholique.*

Quand se réunirent à Versailles, le 4 mai 1789, les Etats Généraux si vite transformés en Assemblée Constituante, l'abbé Pelcerf était curé de Cesny depuis 1776. Il nourrissait, comme beaucoup d'autres, l'espoir de salutaires réformes ; mais il fut bientôt désabusé. Les événements se précipitaient dans le désordre de l'imprévu. Le 14 juillet, la prise de la Bastille inaugurait le régime des émeutes. La nuit du 4 août abolissait les privilèges de la noblesse et la dîme. Le 20 août, la Déclaration des droits de l'homme devenait la négation indirecte des droits de Dieu. Le même jour était nommée une commission de quinze membres pour la réforme religieuse. L'émeute des 5 et 6 octobre ramenait à Paris, au centre même des insurrections, Louis XVI sans autorité ni prestige. Le 10 octobre, Talleyrand proposait la sécularisation des biens de l'Eglise et, le 2 novembre, un décret les mettait à la disposition de la nation pour payer sa dette. L'année 1790 poursuivait sans relâche cette guerre acharnée : un décret du 13 février abolissait les vœux et les Ordres monastiques; un autre du 12 juillet supprimait la liberté de conscience par la Constitution civile du clergé.

Imposer à l'Eglise une constitution civile, c'était nier sa constitution divine; légiférer dans le domaine religieux, c'était traiter la religion comme une institution humaine et ne tenir aucun compte de son origine, de son autorité surnaturelle. La Constituante ne recula pas devant cet attentat sacrilège. La Commission de la réforme religieuse, composée d'abord de quinze membres, puis de trente à partir du 5 février 1790, élabora, avec la compétence et l'impartialité que pouvaient avoir des jansénistes, des déistes et des athées, cette Constitution civile du clergé que la Constituante discuta du 29 mai au 12 juillet et dont elle fit sa loi la plus haineuse et la plus perfide. Elle prétendit ne toucher ni au dogme ni à la morale et se borner à une réforme disciplinaire. En réalité, elle niait le dogme de la primauté du Pape et de sa juridiction universelle ; elle niait la subordination des prêtres aux évêques et des évêques au pape quant au pouvoir de juridiction. De ce que le peuple chrétien fut admis dans l'Eglise primitive à manifester ses préférences, il ne s'ensuit pas qu'il eût le droit d'élire ses pasteurs ni qu'il leur conférât la juridiction nécessaire. Or la Constituante attribuait au peuple, quel qu'il fût, l'élection des curés et des évêques et décidait que cette élection, sans doute suffisante pour conférer la juridiction, serait notifiée par les curés à l'évêque et par les évêques au pape. La Constituante ne voulait entre les curés et les évêques, entre les évêques et le pape que des rapports de politesse afin d'imposer aux évêques et aux curés vis-à-vis de l'Etat la subordination de fonctionnaires. Elle voulait donc une Eglise française détachée de l'Eglise catholique, un clergé national asservi au bon plaisir du gouvernement. Si la Convention traqua comme des bêtes fauves les prêtres insermentés, la Constituante avait donné d'avance une base légale à cette persécution néronienne.

Sachant bien que l'Etat qui prétend se faire le législateur de l'Eglise, usurpe un pouvoir illégitime, Louis XVI refusa de sanctionner le décret de l'Assemblée avant d'avoir obtenu l'assentiment du pape. Pie VI lui répondit que son devoir était de ne pas approuver les décrets qui pouvaient entraîner un schisme ou une guerre de religion, qu'au reste il n'avait qu'à consulter les deux archevêques qui siégeaient dans son conseil. L'archevêque de Vienne, M. de Pompignan, et l'archevêque de Bordeaux, M. de Cicé, au lieu d'envisager la situation comme le pape et de montrer à Louis XVI la nécessité de la résistance, lui conseillèrent d'accorder une sanction qui ne rendrait pas cette Constitution civile du clergé plus acceptable ni plus applicable à la France catholique. Mais cet abandon du droit essentiel et intangible que l'Eglise a de se gouverner elle-même était une faute capitale. Les deux archevêques le reconnurent, lorsque la Constituante tira les conséquences de cet acte de faiblesse : le premier en mourut de douleur, le second se rétracta de la manière la plus humble et la plus explicite.

Sa signature donnée, Louis XVI se rendit compte qu'il n'avait pas plus que la Constituante le droit de rien changer même à la discipline de l'Eglise : il demanda donc au Pape de faire lui-même les concessions possibles. Pie VI appela l'Eglise de France, toute imbue qu'elle fût encore de ses idées gallicanes, à juger elle-même sa propre cause. Le 30 octobre, trente évêques signèrent, sous le titre d'*Exposition des principes sur la Constitution civile du clergé*, une profession de foi rédigée par l'archevêque d'Aix, M. de Boisgelin. Avec le calme, la mesure et la fermeté d'un exposé dogmatique, elle montrait que l'Eglise seule peut donner leur mission comme leurs pouvoirs spirituels aux évêques et aux prêtres, que l'Eglise seule peut modifier ses lois et sa discipline, que les Etats doivent s'adresser au Souverain Pontife, seul investi de l'autorité suffisante pour traiter avec eux des affaires de l'Eglise. L'adhésion de cent dix évêques à cette Exposition de principes, des mandements et des ouvrages laïques d'une logique irréfutable prouvèrent à la Constituante qu'elle niait la divinité de l'Eglise catholique en prétendant la réglementer comme une institution humaine et qu'elle allait ajouter la persécution à l'apostasie. Le solennel avertissement fut inutile.

Le 27 novembre, la Constituante déclara déchus de leurs fonctions les évêques et les curés qui n'auraient pas juré fidélité à la Constitution civile du clergé dans les huit jours. Le 26 décembre Louis XVI eut encore la faiblesse de sanctionner cet inique décret. Le lendemain, soixante députés écclésiastiques, l'apostat Grégoire en tête, prêtèrent le serment schismatique. Cette minorité révolutionnaire donna le pressentiment de son échec à la Constituante irritée. Aussi voulut-elle triompher des consciences par la menace. Le 4 janvier 1791 fut fixé pour la prestation du serment par les députés écclésiastiques en présence de l'Assemblée. Au moment où commença leur appel nominal, retentirent des cris de mort : à la lanterne les évêques et les prêtres qui refuseront le serment.

Malgré les clameurs du dehors, l'évêque d'Agen, M. de Bonnac, déclare hautement qu'il peut faire tous les sacrifices, excepté celui de sa foi. L'évêque de Poitiers, M. de Saint-Aulaire, s'avance vers la tribune et prononce ces paroles: « Messieurs, j'ai soixante-dix ans, j'en ai passé trente-trois dans l'épiscopat ; je ne souillerai pas mes cheveux blancs par le serment de vos décrets. » La Constituante frémit d'humiliation et de colère. Le jureur Grégoire essaie de démontrer que la religion n'est pas en jeu, que l'Eglise n'est pas attaquée, que le serment n'engage à rien de contraire à la foi. S'il en est ainsi, répondent les évêques et les prêtres de la droite, nous demandons que cette interprétation du serment soit convertie en décret. La Constituante veut une soumission absolue et non conditionnelle ; elle professe la suprématie du pouvoir civil, alors même qu'il légifère en matière religieuse. Mirabeau n'a-t-il pas dit que le clergé doit coordonner l'Evangile à la Constitution ? Pour en finir, le Président de l'Assemblée adresse cette sommation générale: « Que ceux des ecclésiastiques qui n'ont pas encore prêté leur serment, s'avancent pour le prêter. » Pas un ne se lève. La Constituante se heurte au *non possumus* des apôtres. Aussitôt elle décrète la déchéance des curés non-assermentés et l'élection de nouveaux titulaires.

Un tel mépris de la liberté de conscience et l'admirable fermeté de leurs confrères produisent parmi les députés ecclésiastiques qui ont déjà prêté le serment une réaction profonde : plus de vingt se rétractent. La populace, animée du même esprit que l'Assemblée, insulte, au sortir de la séance, les confesseurs de la foi. Mais Mirabeau est contraint de leur rendre cet hommage : « nous avons leur argent ; ils ont conservé leur honneur. »

Le 9 janvier 1791, le serment fut exigé du clergé de Paris et de la province : 131 évêques sur 135, — 50.000 curés et vicaires sur 60.000 le refusèrent. Parmi les 10.000 qui cédèrent à la pression du pouvoir civil, un très grand nombre ne firent qu'un serment restrictif et conditionnel, repoussant tout ce qui était contraire à la religion catholique. Le serment sans réserve ne fut prêté que par une infime minorité. Il y eut dès lors le clergé constitutionnel, assermenté ou jureur, considéré par le peuple fidèle comme apostat et intrus, et le clergé inconstitutionnel, insermenté, réfractaire, considéré par le peuple fidèle comme seul catholique. Le premier eut toutes les faveurs du gouvernement qui le dispensa même du célibat ; le second eut ses persécutions et sa haine. Les prêtres qui avaient cru pouvoir acheter au prix d'un serment restrictif une tolérance temporaire, se virent bientôt contraints de choisir entre la rétractation et le serment schismatique. De ce nombre fut l'abbé Pelcerf, curé de Cesny.

L'abbé Pelcerf prêta deux ou trois serments. Le premier est du 8 avril 1791 (1). Le procès-verbal de la Municipalité de Cesny porte que le curé, en date de ce jour, a sermenté de la sorte: « Vu ce qui résulte de la disposition de l'instruction de l'Assemblée Nationale sur le serment, dans laquelle le corps législatif déclare qu'il n'entend ni ne veut ni ne peut porter aucune atteinte au spirituel, je jure fidélité à la Constitution civile du clergé, sanctionnée par le roi, en tant qu'elle est conforme à la religion catholique, apostolique et romaine dans laquelle je veux vivre et mourir. » La Municipalité ajoutait pour son propre compte : « Comme nous avons trouvé le serment ci-dessus conforme à la religion catholique, apostolique et romaine dans laquelle nous voulons vivre et mourir, nous avons signé le présent, ce dit jour et an que dessus (8 avril 1791). »

MILLOIS, maire. DENIZE, greffier.
J. GOUIN, officier civil.

Garder sa place sans trahir sa conscience,

(1) Notes fournies par le chanoine Niquet et l'abbé Queudeville, curé de Castillon (Balleroy).

tel était le but de l'abbé Pelcerf qui subissait bien à contre-cœur cette ingérence du pouvoir civil dans le domaine de la foi. Il fut donc très contrarié d'apprendre que son serment n'était pas jugé suffisant et qu'il devait en faire un autre. De concert avec le prieur, curé de Tournebu et le curé d'Acqueville, il rédigea une nouvelle formule et inséra la restriction dans un préambule au lieu de la mêler aux termes du serment. C'était suivre le procédé de la Constituante laquelle affirmait, d'un côté, ne vouloir toucher en rien à la religion catholique, apostolique et romaine, et imposait, de l'autre, sa Constitution civile.

Le district de Falaise déclara inadmissible tout serment restrictif et rejeta celui des trois curés qui furent classés parmi les réfractaires à remplacer. Alors eut lieu la première convocation des électeurs de Cesny pour la nomination d'un curé. Ce ne fut ni l'élite ni la majorité de la population qui prit part au vote. Peu flatté d'une telle élection, l'abbé Jean Antoine Cosnard, originaire de la Villette, vicaire de Saint-Pierre-la-Vieille, n'eut garde d'accepter. Les suffrages se reportèrent sur François-Etienne Bacon, vicaire assermenté de Moult, puis curé intrus de Fresnay-le-Vieux, originaire de Cesny. Ce malheureux ne tarda pas à voir qu'il ne serait pas prophète dans son pays et il n'osa pas braver longtemps la réprobation des consciences chrétiennes.

Un rapport du district de Falaise attribue à l'abbé Pelcerf un serment constitutionnel à la suite duquel on le laissa en paix. S'agit-il d'un troisième serment moins explicite dans ses réserves, mais encore suffisamment catholique, puisque le curé de Cesny conserva l'estime et l'amitié de ses paroissiens ? Il est plus vraisemblable que le district de Falaise, usant d'une tolérance relative à cause de la disette de jureurs, reçut provisoirement son second serment et le toléra dans sa paroisse, tout en lui cherchant un successeur. La preuve qu'on le rangeait parmi les réfractaires, c'est qu'en mars 1792, un vicaire de Vaucelles, Charles Louis Lentrain, fut nommé curé constitutionnel de Cesny. Son refus ne désarma pas les révolutionnaires vis-à-vis de l'abbé Pelcerf. Ils lui firent sentir que, jusque dans l'église, ils étaient les maîtres.

Sous le nom de patriotes, les jacobins singeaient les députés révolutionnaires. L'abstention des honnêtes gens leur livrant les municipalités et les gardes nationales, ils posaient en représentants du peuple souverain. Ils ne cessaient d'en appeler au peuple pour faire la loi aux curés. C'est ainsi qu'en 1792, dans l'église de Cesny, la Fête-Dieu fut troublée par un scandale. Le capitaine de la garde nationale vint avec sa troupe assister à la procession. Au moment du départ, il ordonna au maitre-chantre d'entonner le *Domine, salvam fac gentem et legem*. L'abbé Pelcerf opposa sa défense, ajoutant que cette antienne n'était pas dans l'Ecriture. Le *Domine, salvum fac regem* n'y est pas non plus, s'écria le capitaine et aussitôt, profitant du tumulte, il invita l'assemblée à prononcer entre lui et le curé. Quelques perturbateurs l'appuyant, il intima au chantre l'exécution de son antienne. Non content de cette victoire très diversement appréciée dans la commune, il monta contre le curé toutes les têtes du conseil municipal. Un rapport du conseil municipal partit pour le district de Falaise. Le président du tribunal soumit à un examen rigoureux, non la conduite, mais le serment de l'abbé Pelcerf : ledit serment fut alors déclaré non recevable et son auteur décrété passible d'expulsion.

Averti que les municipaux s'apprêtaient à exécuter la sentence et que les meneurs menaçaient de procéder à son arrestation, l'abbé Pelcerf comprit que sa vie même était en danger. Une troupe d'exaltés parcourant à grand bruit la commune pour faire une démonstration contre le presbytère, il entendit leurs clameurs furieuses et se hâta de sortir par une porte dérobée qui donnait du jardin dans la campagne.

Il passa la nuit dans le bois de Meslay, où il fut rejoint, le matin, par quelques amis courageux. Caché tantôt chez l'un, tantôt chez l'autre, il réussit à déjouer toutes les recherches. Il eut ainsi la consolation de procurer, en secret, quelque temps encore, les secours de son ministère aux chrétiens qui voyaient venir, au lieu du régime de la liberté, le régime de la terreur.

Le 26 août 1792, l'assemblée législative décrétait contre les prêtres insermentés la peine de la déportation. Aussitôt, pour indiquer aux patriotes un moyen plus radical et plus expéditif d'en finir avec le clergé catholique. Danton, ministre de la justice, organisait les massacres de septembre. Le régicide du 21 janvier 1793 exaltait jusqu'au délire la haine du trône et de l'autel. Si les législateurs fournissaient abondamment de griefs contre les honnêtes gens les pourvoyeurs de la guillotine, la loi des suspects facilitait encore leur besogne. Il suffisait de ne pas paraître chaud partisan de la Révolution pour encourir le soupçon de conspirer contre elle. Ce crime politique était un crime capital. Sur une simple dénonciation, vague et déclamatoire, le juge expédiait vite le conspirateur au bourreau. L'espionnage de l'inquisition jacobine, les visites domiciliaires à l'improviste pour découvrir les prêtres cachés, les trahisons des apostats et les fourberies des délateurs, rendaient de plus en plus précaire la sécurité des honnêtes gens. Voyant croître les dangers qu'il faisait courir à ses amis, l'abbé Pelcerf se résolut à partir pour l'exil. A la faveur d'un déguisement, il parvint, sans être inquiété, à Bernières-sur-Mer, se fit délivrer un passe-port et s'embarqua pour Jersey. De 1793 à 1797, il demeura dans cette île, dénué de ressources, n'ayant pour vivre que le travail de ses mains, prêt à rentrer dans sa patrie au premier réveil de la liberté. Son absence de quatre années fut pour sa paroisse un vrai deuil, bien que la Providence ne la laissât pas tout-à-fait sans secours religieux dans ces jours où régnait despotiquement la puissance des ténèbres.

Après la destitution de l'abbé Pelcerf par le tribunal du district de Falaise, la Municipalité de Cesny fit élire un curé constitutionnel. Le 16 novembre 1792 fut nommé ce même Jean-Antoine Cosnard, vicaire de Saint Pierre-la-Vieille, déjà désigné par le vote populaire en 1791 et qui avait refusé. Il accepta cette fois et prit possession le 2 décembre. Accueil très froid, mépris peu dissimulé, église vide, ministère nul, tels furent, pour le curé constitutionnel, les signes non équivoques de la réprobation des paroissiens fidèles. Deux actes de baptême, l'un du 8, l'autre du 10 décembre 1792, sont signés : *Cosnard, curé*. Les actes de 1793 ne joignent plus à sa signature que le titre d'officier civil et de membre du conseil général de la commune : il n'est plus à ses propres yeux le représentant de Dieu, mais simplement le représentant du peuple. N'ayant pas reçu d'un évêque légitime le pouvoir de juridiction, il n'ignorait pas que les mariages, contractés devant lui, étaient de vaines formalités. Le dégoût ne tarda pas à le saisir. A partir du mois de mai 1794, on ne trouve plus trace de sa présence à Cesny. En 1795, retiré dans sa famille, il eut le courage et l'humilité de confesser ses torts. Le 14 août de cette année, il fit une rétractation publique de son serment et une amende honorable de son intrusion (1). Son repentir réjouit les bons paroissiens de Cesny que son scandale de plus d'une année avait grandement contristés. Ils n'eurent pas à subir d'autre curé constitutionnel.

Leur foi fut, au contraire, récompensée et soutenue, après le départ de l'abbé Pelcerf et quand il n'y eut plus d'autels que ceux de la déesse Raison, par la présence de quelques prêtres fidèles, cachés soit à Cesny, soit dans les environs. On connait les fermes et les maisons particulières qui leur servirent de refuge. Les descendants des familles chrétiennes qui furent leurs protectrices, ont gardé religieusement ce glorieux souvenir. Leur témoignage est corroboré par des pièces authentiques, par des actes de baptême et de mariage, consignés sur des feuilles détachées et plus tard, en vertu d'une ordonnance de Mgr Brault, recueillis et insérés dans les registres de catholicité de la paroisse. Ils embrassent la période de quatre années pendant laquelle l'abbé Pelcerf fut exilé à Jersey.

Ces actes nous permettent de citer les noms des trois prêtres qui administrèrent les sacre-

(1) La pièce se trouve aux archives du Calvados, dans un carton portant cette étiquette : serments de prêtres.

ments au péril de leur vie à Cesny et dans la contrée. Le premier, l'abbé Moulin, se livra pendant deux ans à ce ministère qui rappelait celui des catacombes. Il a signé en 1794, 95 et 96 des actes de baptême, conservés dans les archives de la fabrique de Cesny. Le second, l'abbé Decroüan, se dévoua pendant presque toute l'année 1796. Nous avons de lui six actes de baptême et quatre de mariage, signés : Decroüan, *prêtre catholique* (1). Le troisième, l'abbé Mauny, fut appelé fréquemment pour suppléer les cérémonies du baptême et revalider des mariages. Le 7 janvier 1797, il revalidait trois mariages et suppléait les cérémonies du baptême à plusieurs enfants. Ses nombreux actes de baptême et de mariage sont tous signés : Mauny, *prêtre catholique*. Comme ses deux confrères, il était du diocèse de Séez et possédait de pleins pouvoirs pour le diocèse de Bayeux. L'abbé Moulin reparut sur la brèche pendant les mois de juillet et d'août 1797. Dans un acte de baptême, il signale le retour de l'abbé Pelcerf et par là même

(1) Gabriel Decroüan, ancien religieux de Barbery, avait quitté le cloître avant la révolution, peut-être au moment de la réforme introduite dans l'abbaye par l'Abbé. — Il devint alors vicaire de Bonnœil pendant près de 14 ans, puis chapelain d'Athis. Il travaillait pendant la révolution dans le pays de Cinglais. — Pendant son vicariat à Barbery, il s'était fait recevoir de la conférence de Barbery siégeant à Bois-Halbout. Il devait être originaire des environs d'Athis.

il en fixe la date. Aussi reproduisons-nous la partie importante de ce document :

« Jean-Pierre, né le 3 août 1797.... a été par « nous, prêtre du diocèse de Séez et muni de « tous les pouvoirs pour celui de Bayeux, bap- « tisé par permission de Maître Pelcerf, curé de « ce lieu, revenu d'Angleterre et arrivé dans sa « paroisse le 29 du mois d'août de l'année ci- « dessus. Le premier septembre, etc.... »

signé, Moulin, *prêtre catholique* (1).

La paroisse de Cesny doit à ces trois généreux confesseurs de la foi une éternelle reconnaissance. Si, pendant le règne de la Terreur, la grâce des sacrements ne manqua pas aux familles chrétiennes, si les enfants furent baptisés, les époux bénis, les mourants préparés à paraître devant Dieu, si la grange de la ferme de la Baronnie de Cesny vit plus d'une fois alors la cérémonie de la première communion, si les persécutés de la Révolution eurent le courage de supporter toutes les vexations, toutes les insultes et même de braver le martyre, il en faut savoir gré à l'héroïsme de ces prêtres. Leurs noms doivent nous être chers et, puisque la Révolution se dresse contre l'Eglise, nous devons nous souvenir qu'ils ont exposé leur vie pour sauvegarder notre foi.

(1) L'abbé Moulin devint curé de Meslay, le 1er janvier 1803. Il était originaire d'Ouilly-le-Basset.

De retour à Cesny, le 29 août 1797, l'abbé Pelcerf apposait cette signature au bas d'un acte de baptême, le 27 septembre : J. Pelcerf, *prêtre catholique.* C'est une preuve qu'il tenait de nouveaux pouvoirs de l'autorité légitime et qu'il avait rétracté son serment, si cela était nécessaire, dans les conditions prescrites par le droit. Il n'ignorait pas que le Directoire n'était que la Convention continuée, les conventionnels ayant décrété que, sur 750 députés, 500 seraient pris parmi eux et 250 seulement laissés au libre choix des électeurs. Il n'ignorait pas que, si la Convention avait mis fin au règne des Terroristes en envoyant Robespierre à l'échafaud le 27 juillet 1795, le Directoire, issu des élections du 20 octobre, s'était empressé de renouveler, dès le mois de janvier 1796, les édits de proscription contre les prêtres catholiques et qu'il leur réservait, au lieu du martyre sanglant, la guillotine sèche de la déportation. Mais, d'un côté, l'exil, comme il le disait plus tard, lui devenait une torture, d'un autre côté, Cesny s'était débarrassé de sa Municipalité jacobine. Mis au courant de l'état des esprits, il n'hésita pas à rentrer dans sa paroisse et à exercer le saint ministère dans les mêmes conditions que les prêtres qui, pendant quatre ans, l'avaient suppléé. Son église était fermée. Il avait à redouter les jacobins du village, inquisiteurs farouches. Il suffisait de leur dénonciation pour que le Directoire le déportât comme un malfaiteur à

Cayenne. Mais il recevait des chrétiens fidèles les plus consolants témoignagnes d'attachement et de vénération. Intrépide au milieu de son troupeau, il goûtait la joie des confesseurs de la foi, la joie de s'exposer au martyre pour le service de Dieu et des âmes, la joie de voir s'affermir la religion persécutée. Seul il administrait les Sacrements à son peuple, comme le témoignent les registres de catholicité, et il attendait la fin de cette Révolution devenue par ses crimes et ses folies un objet d'horreur et de mépris.

Enfin le concordat de 1801 rouvrit son église. Il en reprit possession. Il avait assez souffert pour sentir vivement le bonheur de rendre à Jésus son tabernacle, de ramener devant lui ses adorateurs, de chanter après un long silence le *Credo* catholique, de distribuer à cette foule affamée de Dieu le pain de sa parole et surtout le pain de son Eucharistie : c'était pour lui l'allégresse d'une résurrection et d'un triomphe.

§ 2e — *Le culte officiel schismatique.*

Jean-Jacques Rousseau ne concevait pas son Etat sans dogmes religieux. Il regardait comme incompatible avec l'ordre social la liberté de penser et voulait que les citoyens fissent au moins profession de croire à l'Etre suprême et à l'Immortalité de l'âme. Robespierre fit décréter ces deux dogmes. Il pontifia, le 8 juin 1794, à la fête de l'Etre suprême, au Champ de Mars, et mit le feu aux figures allégoriques du Néant, de l'Athéisme, de la Discorde et de l'Ambition dont le groupe consumé laissa voir la Sagesse. La déesse Raison, personnifiée sur l'autel de Notre-Dame de Paris par une courtisane, faisait place au Dieu de la Raison que les néo-païens jugeaient plus acceptable au bon sens populaire. Mais cette religion laïque n'était qu'une machine de guerre estimée plus propre à combattre le Christianisme que les saturnales de l'athéisme épicurien.

C'est pour effacer le souvenir du Dimanche que les douze mois de l'année furent divisés en décades et que le décadi fut décrété jour de repos. La loi du 7 mai 1794 établit trente-six fêtes correspondantes aux trente-six décadis. Presque toutes ces fêtes avaient pour but d'honorer des abstractions, par exemple : l'enfance, la jeunesse, l'âge viril, la vieillesse, les époux, les aïeux, la postérité, le bonheur, le malheur, la vérité, la liberté, la justice, la reconnaissance, la souveraineté du peuple, la fédération, la mort de Louis XVI, l'agriculture, l'industrie, etc., etc. Le peuple était convié à ces fêtes dont la mise en scène était réglée. Comme on prétendait que le Christianisme n'avait prise que sur l'imagination populaire, on voulait lui substituer une religion de poésie. Les jacobins se mirent en frais de lyrisme, organisant chaque fête comme une représentation théâtrale, ne visant qu'à enchanter les yeux et les oreilles.

Ils comptaient au moins sur un succès de curiosité et ils n'obtinrent qu'un succès de ridicule. Faute d'acteurs pour les rôles plus ou moins grotesques de cette religion civile, les décadis n'étaient guère célébrés dans les villages. Malgré sa municipalité jacobine, Cesny dut rester étranger à toutes ces parades ou parodies religieuses.

Des fêtes mensuelles, plus solennelles, étaient organisées dans le chef-lieu de canton et les communes avaient ordre d'y envoyer leurs représentants officiels. Mais les délégués ne voyaient là qu'une corvée et les procès-verbaux constatent que c'était à qui s'excuserait par les motifs les plus frivoles. Il ne restait à y prendre part que les conseillers municipaux du canton, les fonctionnaires et les enfants des écoles, quand il y avait encore des écoles. Le défaut d'enthousiasme fut surtout sensible en 1794 à la fête de la juste mort de Louis Capet. La Convention prescrivit aussitôt de la célébrer les années suivantes dans toutes les communes de France. Pour être patriote, il fallait glorifier son régicide.

La Municipalité de Cesny n'eut pas à se faire violence pour obéir à cet arrêté. D'après les récits circonstanciés, que nous avons entendus, escortée de la garde nationale et d'une troupe de tapageurs, grisés des déclamations à la mode, elle se rendit en grande pompe à l'église alors dénommée temple de l'Etre suprême. Là furent prononcés des discours et proférés des blasphèmes. Passant un lacet au cou du Christ de la grande croix, à l'entrée du chœur, l'un des plus enragés de la bande s'épuisa en vains efforts pour le détacher. Alors, voyant l'urgence de soustraire à la fureur de ces vandales une statue de la Vierge, vénérée depuis des siècles, quelques femmes courageuses l'enlevèrent et la mirent en lieu sûr.

Telle fut l'unique fête officielle dont les habitants de Cesny gardèrent le triste souvenir. Ils laissaient dans l'impuissance et le dépit de leur isolement les prôneurs des réformes politiques et religieuses. Ils comprenaient que ces fêtes païennes, loin de porter l'âme vers Dieu, ne présentaient à ses pensées d'autre objet que la terre, la nature, l'humanité plus ou moins poétisée. L'homme de l'athéisme, du panthéisme, du jacobinisme ne leur paraissait ni intellectuellement ni moralement supérieur au chrétien formé à l'école de l'Evangile. Ils demeuraient ces irréductibles réfractaires que nous trouvons dépeints dans une curieuse lettre du citoyen Duval.

« Partout les prêtres intrus sont insultés, « bafoués, maltraités, et cela par des popula- « tions que la persécution a saignées à blanc. « On fait le vide autour d'eux. Les enfants sont « baptisés, les fiancés mariés par les *bons prê-* « *tres*. Les malades préfèrent mourir sans les

« secours de la religion plutôt que de les recevoir des *mauvais prêtres*. Les écoles sont « désertes, parce que l'instituteur, instruit et « bon républicain, a voulu substituer aux mo« meries religieuses des principes d'enseigne« ment plus analogues à la forme républi« caine.... Les *bons prêtres* reprennent visible« ment leur ancienne influence ; les cérémonies « religieuses sont suivies presque comme « autrefois par tous les habitants... Ils ne fêtent « pas le décadi et continuent à fêter le diman« che .. ne portent point de cocardes et n'ont « pas la moindre idée de l'ère républicaine..... « C'est à désespérer de faire oublier au peuple « les anciennes habitudes de dévotion et de « remplacer à ses yeux, avec avantage, les « institutions ridicules, absurdes, de sa religion « par des spectacles raisonnables, agréables « et intéressants. En attendant, ils se réunis« sent dans leurs églises, aux heures anciennes « de la messe, des vêpres, des prières, etc., « pour y prier Dieu en commun (1) ».

Ce témoignage a une valeur d'autant plus grande qu'il émane d'un convaincu. Si le citoyen Duval avait fait son inspection à Cesny, il y eût trouvé la confirmation de son rapport. Pas d'amateurs des fêtes constitutionnelles parmi ces paysans chrétiens que ne pouvait

(1) Abbé Urseau, *Bulletin historique et philosophique*, 1897.

séduire un verbiage philanthropique. Ils en eurent un dégoût plus profond, quand l'un des cinq Directeurs, le régicide Larevellière-Lepeaux, inventa les mascarades des théophilanthropes Ce temps qu'on a appelé l'*interrègne de la divinité*, c'était l'heure laissée à la puissance des ténèbres. Il ne fallut pas à Napoléon une très grande clairvoyance pour comprendre que la France raisonnable voulait autre chose qu'un simulacre de religion.

II. — L'administration municipale.

Au point de vue de l'administration comme au point de vue des lois, des institutions, de la religion elle-même, la Constituante prétendit faire une France nouvelle. Or une nouvelle division territoriale lui parut la base nécessaire d'une nouvelle organisation administrative. Son but fut de ne laisser rien de fort en face du pouvoir central, dépositaire de la souveraineté du peuple. Les 32 provinces furent donc condamnées à disparaître comme capables de revendiquer une assez large autonomie et de réduire l'unité nationale à un simple fédéralisme. La Constituante leur préféra la circonscription moins étendue des départements ; puis elle subdivisa les départements en districts, les districts en cantons et les cantons en communes.

A la tête du département, elle mit une assemblée de 36 membres ; à la tête du district, une assemblée de 12 membres. Ces deux assemblées, renouvelables par moitié tous les deux ans, se partageaient en deux sections : le Directoire ou section exécutive et le Conseil ou section délibérative. Le Directoire était permanent. Le Conseil du département devait tenir une session annuelle d'un mois ; le Conseil du district, une session de quinze jours. Un procureur général syndic pour le département, un procureur syndic pour le district étaient chargés de défendre les intérêts de la nation devant les Directoires et les Conseils.

Le mécanisme de l'administration communale fut ainsi conçu : un Corps municipal, des Notables en nombre double, un maire, un procureur de la commune, tous élus directement par les citoyens actifs, c'est-à-dire jouissant des droits politiques ; le Corps municipal et les Notables renouvelables par moitié chaque année ; le maire élu pour deux ans et non rééligible ; le procureur élu pour deux ans et rééligible. Le Corps municipal se partageait en deux sections : le Bureau, formé du tiers des officiers municipaux ; le Conseil, formé des deux autres tiers. Le Conseil général de la commune était la réunion du Corps municipal et des Notables.

Le Corps municipal était chargé d'une administration d'intérêt local et d'une administration d'intérêt général. L'administration d'intérêt local, simplement surveillée par celle du district et du département, comprenait la régie des biens, la direction des travaux, le budget et tla police de la commune. L'administration d'intérêt général, absolument subordonnée à celle du district et du département, consistait à répartir l'impôt entre les contribuables, à le percevoir et à le verser dans les caisses de l'Etat, à régir les établissements et à diriger les travaux publics. Le Conseil général de la commune ne se réunissait qu'en cas d'impositions extraordinaires, d'acquisitions, d'aliénations, d'emprunts et de procès.

Après le décret final du 23 février 1790, lequel répartissait la France en 83 départements, 600 districts, 48.000 communes, on vit fonctionner la grande machine. Les assemblées de commune, de district et de département, échelonnées entre le pouvoir central et les individus, pouvaient servir à la centralisation ou à la décentralisation administrative selon leur degré d'autonomie ou de dépendance. Provisoirement la Convention réprouvait comme instrument de despotisme la centralisation de l'Ancien Régime. Pour annihiler le plus possible le pouvoir central qui était encore le pouvoir royal, elle relâcha les liens qui lui rattachaient, en les coordonnant, les administrations de la commune, du district et du département : le résultat fut l'anarchie administrative. Le pouvoir tomba aux mains des pires qui s'inspiraient de leurs haines, de leurs convoitises, de leurs caprices dans l'application des principes nouveaux. Nous reconnaissons qu'il y eut du haut en bas, entre toutes ces administrations d'humeur turbulente et tracassière, unité de vues politiques; mais ce fut encore l'anarchie, parce que ce fut partout le triomphe de la Révolution.

Aux élections municipales de 1790, à Cesny comme ailleurs, l'abstention des honnêtes gens donna la prépondérance aux jacobins. La commune mit à sa tête le maire Millois, les officiers municipaux Ballière, Doray, Marie, le greffier Denize, le capitaine Planquette, les notables Doray et Picot. Leur premier exploit fut l'expulsion de l'abbé Pelcerf. Ils auraient pu épargner le chapelain-administrateur de l'hospice du Bois-Halbout, qui avait prêté à la Constitution civile du clergé un serment sans réserve. Ce prêtre constitutionnel n'avait pas eu honte de remplacer son propre frère, parti pour l'exil. Mais son apostasie, n'enlevant pas à ce malheureux son caractère sacerdotal, ne put le mettre à l'abri de la haine et de la calomnie. Il fut donc accusé de conspirer contre la Patrie, de cacher dans sa maison des papiers incendiaires et, grief beaucoup plus grave, d'y réunir des prêtres insermentés. Le seul soupçon d'un tel crime mit sa vie en danger. Effrayé par les menaces et les menées des patriotes, il prit la fuite. Pour justifier son départ, il écrivit deux lettres, l'une au maire et aux officiers municipaux de Cesny, l'autre au syndic du district de Falaise. Cette dernière montre ce que pouvait se permettre la fureur homicide des jacobins de village sous le regard des autorités locales chargées de maintenir l'ordre et la liberté. La voici :

« Monsieur,

« J'ai l'honneur de vous informer que je ne « puis plus résister aux insultes et aux outrages « que me font depuis huit jours plusieurs mal-« intentionnés, autant ennemis de la Consti-« tution que de la paix et de toute loi. Hier au « soir (samedi), il en est venu un à la maison « avec un fusil à deux coups pour me tuer, s'il « m'eût trouvé. Mais, obsédé de mauvais traite-« ments, je m'étais sauvé dans un coin de la « forêt, où j'ai passé deux jours et une nuit. « Voyant que les esprits ne se calment pas, je « crois devoir prendre la fuite pour mettre ma « personne en sûreté et sauver ma vie, s'il est « possible. J'en ai prévenu notre Municipalité ; « je l'ai priée de se transporter à la maison pour « prendre les clefs des appartements que j'occu-« pais, afin de mettre mes meubles, papiers et « effets en sûreté. Je l'engage même à mettre « des scellés, si elle le juge à propos. Pour les « lieux communs et où on a absolument affaire « pour la subsistance des pauvres, j'en ai con-« fié la garde à deux domestiques qui sont à la « maison depuis plusieurs années.

« Dans cette circonstance, j'ai l'honneur de

« vous supplier, Monsieur, de vouloir bien don-
« ner des ordres à nos conseillers municipaux :
« qu'ils aient égard à ma prière, qu'ils prennent
« soin de notre maison, qu'ils fassent jouir ceux
« qui la composent d'une pleine et entière sû-
« reté et liberté, qu'ils répriment les mauvais
« sujets qui mettent le trouble dans l'endroit.
« La confiance que j'ai en votre justice ne me
« permet pas de douter que vous voudrez bien
« exaucer mes vœux, et accorder l'honneur de
« votre protection à treize pauvres vieillards
« absolument incapables de gagner leur vie.
« Ce sont nos frères ; ce sont les membres de
« J.-C. Je les réclame pour moi-même. J'atten-
« drai vos ordres pour rentrer dans mes fonc-
« tions.

« J'ai l'honneur d'être avec un profond res-
« pect, Monsieur, votre très humble et très
« obéissant serviteur,

DUCLOS,

« *Administrateur de l'hospice*
« *de St-Jacques du Bois-Halbout.* »

L'apostat subissait un juste châtiment. Dans le prêtre infidèle ses persécuteurs voyaient encore le prêtre. Pour ces athées, l'indigne représentant de Dieu restait toujours l'ennemi. Ses deux lettres étaient un appel à la justice et à la pitié. Il ne fut entendu ni à Cesny ni à Falaise. La Municipalité de Cesny s'empressa de transmettre au tribunal du district de Falaise copie de sa lettre, apostillée de ce réquisitoire en règle :

« Vu ce qui résulte de la lettre ci-dessus « copiée, nous avons l'honneur de vous l'adres- « ser pour en recevoir votre avis, et nous con- « duire suivant l'ordre que nous recevrons de « votre part. N'ayant aucune connaissance des « plaintes ci-dessus énoncées, au contraire il a « été levé dans cette maison par M. le capitaine « de la garde nationale des gazettes et papiers « incendiaires, contraires à la loi, et dans cette « maison se faisait un rassemblement conti- « nuel de tous réfractaires des environs, mal- « gré les défenses qui leur en avaient été faites, « précédant ce jour ; et maintenant le gouver- « nement de cette paroisse est entre les mains « d'un domestique et d'une servante, ce qui « réduit cette maison sans messe ni adminis- « tration, tant pour le temporel que pour le « spirituel, et vous ferez justice.

« Présenté le 23 août 1792.

« Millois, maire, — Ballière, Doray, Marie, officiers municipaux, — Denize, greffier. — Planquette, capitaine, — Picot, Doray, notables. »

Le Directoire de Falaise prit en considération les plaintes de la Municipalité de Cesny et non celles du chapelain déserteur. Motivant sa sentence sur le défaut de reddition de comptes et sur les détournements dont on l'accusait, il le déclara déchu de ses fonctions. Séance tenante, il le remplaça par Jacques Balthazar Lefebvre. C'était en août 1792. Après deux ans d'administration, ce Balthazar Lefebvre fut condamné à trois ans de prison. Une apostasie radicale lui valut la faveur d'être libéré et même repris, en 1796, comme administrateur du temporel de l'hospice (1). Le premier titre au choix des Jacobins était de leur ressembler.

En 1795, disparut la Municipalité de Cesny avec toutes les petites Municipalités de France. Le peuple ayant donné, sous le nouveau régime inauguré par la Révolution, la mesure de son incapacité en matière de gouvernement, la Constitution de l'an 3 le remit en tutelle : elle supprima les districts comme inutiles et dangereux ; au suffrage universel, établi le 10 août 1792, elle substitua le suffrage restreint ; elle remplaça les municipalités communales par des municipalités cantonales. Chaque commune était administrée par un agent et un adjoint, fonctionnaires du pouvoir central, préposés à l'exécution des lois. Les assemblées primaires, exclusivement formées des contribuables qui avaient un an de domicile, nommaient ces agents et adjoints dont la réunion formait la municipalité cantonale (2). A cela se bornait

(1) Notre *Notice sur l'hospice du B. H.*, pages 34 et 35.
(2) Dareste, *Hist. de France*, t. 8, p. 11.

l'intervention du peuple. Ainsi la Constitution directoriale de l'an 3 ne trouvait d'autre moyen d'enrayer dans les communes le mouvement démagogique que de supprimer tout mouvement ; elle jugeait pratiquement inconciliables l'ordre et la liberté. Membres de la municipalité d'Harcourt, l'agent et l'adjoint de Cesny se renfermèrent dans leurs fonctions administratives. Plus de clubs et de politique tapageuse. Les jacobins comme les citoyens paisibles n'eurent plus qu'à obéir. Si l'église restait fermée, du moins l'abbé Pelcerf put revenir et exercer clandestinement son ministère. Il suffisait, pour faire cesser la persécution religieuse, d'un changement dans le pouvoir central : or il était appelé par les vœux de l'immense majorité du pays. Complétant la Constitution consulaire du 3 nivôse an 8 (24 décembre 1799), la loi du 28 pluviôse an 8 (16 février 1800) rétablit les conseils municipaux tels que la Constituante les avait organisés et leur confia le budget, l'état civil et la police de la commune ; mais elle les mit sous la tutelle du préfet ou du sous-préfet, agents du Premier Consul.

III. — **L'enseignement primaire.**

Avant la Révolution, l'enseignement primaire était à Cesny, comme dans un très grand nombre de communes de France, une charge du curé. Des fondations le rémunéraient de sa peine ou lui permettaient d'assurer ce service. La destruction générale de l'ancien régime entraîna celle des écoles. Leur disparition réalisait le plan des Jacobins qui voulaient substituer à l'éducation chrétienne une éducation laïque. Danton posa le fameux principe que les enfants appartenaient à la République avant d'appartenir à leurs parents Mais la Convention ne sut faire que des lois incohérentes. Celle du 29 frimaire an 2 (19 décembre 1793) établit l'obligation et la gratuité. Celle du 27 brumaire an 3 (17 novembre 1794) prescrivit une école pour 1.000 habitants, fixa le traitement de l'instituteur à 1200 livres, imposa comme matière d'enseignement la lecture, l'écriture, le calcul, la déclaration des droits de l'homme et du citoyen, des instructions sur la morale républicaine, les éléments de la géographie et de l'histoire des peuples libres. Celle du 3 brumaire an 4 (25 octobre 1795) supprima l'obligation et la gratuité, n'imposa qu'une école par canton, décida que l'instituteur recevrait, au lieu d'un traitement de l'Etat, une rétribution scolaire des élèves. En votant cette loi du 25 octobre 1795, la veille même de son départ, la Convention confessait qu'elle ne laissait que des ruines. Le Directoire, qui vécut dans l'anarchie et l'impuissance, n'eut guère souci de ces écoles primaires que leur personnel et leur organisation condamnaient à devenir des écoles de démagogie. Une enquête faite en

1800 constata qu'un nombre infime d'enfants recevaient un enseignement primaire et dans des conditions déplorables. C'est une peinture historique que Taine trace de cette époque avec sa précision habituelle : « Presque partout, « dit-il, l'instituteur est un laïque de rebut, un « jacobin déchu, un ancien clubiste famélique « et sans place, mal embouché et mal famé. « Naturellement les familles refusent de lui « confier leurs enfants. Même honorable, elles « se détournent de lui.... Les parents veulent « que leurs enfants apprennent à lire dans le « *catéchisme* et non dans la *Déclaration des* « *droits*. Selon eux, le vieux manuel formait « des adolescents policés, des fils respectueux; « le nouveau ne fait que des polissons insolents, « des chenapans précoces et débraillés .» (1) Si peu flatteur qu'il soit, ce tableau n'est pas une caricature. Sévère pour l'ancien régime, l'illustre académicien expose, avec l'exactitude et l'impartialité d'un Thucydide, les faits et gestes de la Révolution.

L'Etat s'étant approprié les fondations attachées à la cure, faute de ressources, Cesny n'eut pas d'école municipale pendant plus de douze années. Sous le Consulat, la loi du 11 floréal an 10, chargeant les communes de l'établissement des écoles primaires, régla que

(1) Taine, *France contemporaine, Régime moderne* p. 217 à 221.

celles qui en auraient le moyen fourniraient le local et que l'instituteur serait payé par les élèves. C'est seulement dans les derniers temps du Consulat qu'un instituteur du nom de Bertrand fut installé à Cesny. Il touchait de chaque enfant une rétribution mensuelle de 0 fr. 80 et la Municipalité, en considération de son zèle, lui vota une indemnité de logement de 30 fr. Les archives de la mairie ne nous apprennent pas autre chose.

CHAPITRE II

CESNY-BOIS-HALBOUT AU XIXe SIÈCLE

La France sut gré à Bonaparte de faire cesser le désordre et elle échangea sans déplaisir la Révolution contre le Césarisme. Désenchantée de toutes ces Constitutions qu'elle expérimentait l'une après l'autre toujours à ses dépens, elle mit son espoir dans un homme qui pouvait être un Charlemagne. Le génie du gouvernement n'était pas moindre en lui que le génie de la guerre. S'il avait compris que le rôle de restaurateur de la France chrétienne était préférable à celui de conquérant de l'Europe, il eût fondé un empire durable et porté l'influence chrétienne et l'influence française jusqu'aux extrémités du monde. Son mérite fut du moins de reconnaître la nécessité de la religion. Les jacobins avaient conçu la liberté à la façon d'Epicure et de Lucrèce, comme l'affranchissement de toute croyance religieuse : voilà pourquoi ils avaient proscrit les prêtres et fermé les églises. Bonaparte n'admit pas qu'incrédulité et liberté fussent synonymes et qu'il n'y eût de liberté de penser que pour les incrédules. Il rétablit en France la liberté de la foi, la liberté de professer le catholicisme.

Mais le catholicisme formant au milieu de la société civile une société spirituelle, il voulut régler les rapports entre les deux sociétés. Il négocia donc avec le pape Pie VII le Concordat de 1801. En retour de la liberté et de la protection accordées à l'Eglise, il obtint pour l'Etat le droit d'intervenir dans la nomination aux évêchés et aux cures. Non content de cette concession, méconnaissant la nécessaire indépendance du pouvoir spirituel qui ne relève que de Dieu, au moyen des Articles Organiques annexés au Concordat par lui seul, il restreignit la liberté religieuse jusqu'à soumettre les actes du Chef de l'Eglise au contrôle du gouvernement et les actes des évêques à sa censure.

Incapable de s'arrêter dans la voie du despotisme, il en vint plus tard à persécuter Pie VII et mérita d'aller mourir désabusé sur le rocher de Ste-Hélène. Il avait mis fin à l'orgie révolutionnaire sans répudier l'esprit révolutionnaire. Relevant la religion, mais à la condition de s'élever au-dessus d'elle, il fut un instrument d'abord utile aux desseins de Dieu, ensuite rebelle et bientôt brisé.

La lutte s'est poursuivie durant tout le XIXe siècle entre la Révolution et le Christianisme. Le but de la Révolution n'a pas été de donner à la France plus de liberté, plus de prospérité matérielle, mais de lui ôter le Christianisme et elle a eu pour complices ces gouvernements qui voilaient leur lâcheté ou leur impiété sous l'athéisme officiel de la loi et de l'Etat. Investi par le suffrage universel d'une souveraineté dérisoire et ne pouvant être préservé du despotisme et de l'anarchie que par deux choses essentielles et inséparables : l'ordre moral et la religion, le peuple a vu les gouvernants s'appliquer à les détruire. Comme le XVIIIe siècle, le XIXe, jetant son masque de libéralisme, a fini en persécuteur. Mais il n'a pas détaché de leur foi les habitants de Cesny-Bois-Halbout. Pour eux l'instabilité des idées et des institutions n'a jamais été une marque de vérité ni de progrès et ils ont partagé, durant ce XIXe siècle, vis-à-vis des hommes et des choses, les sentiments des bons chétiens de France. Nous devions indiquer d'un mot qu'ils n'ont cessé, malgré la propagande révolutionnaire et impie, d'appartenir au parti de la religion et de l'ordre et nous allons achever l histoire de la paroisse et de la commune.

§ 1er. — *La paroisse de Césny-Bois-Halbout au XIXe siècle.*

Le Concordat de 1801 stipulant le libre exercice du culte catholique, l'abbé Pelcerf, ancien curé de Cesny, reprit possession de son église et de sa charge. Proscrit depuis sept ans, il n'avait pu prolonger au delà de quatre années son exil à Jersey. De retour dans sa paroisse, il y remplissait depuis trois ans, en cachette, son saint ministère. Pasteur et troupeau furent heureux de pouvoir enfin se réunir publiquement dans la maison de Dieu. Mais, hélas! que de ruines à réparer, matérielles et spirituelles! L'église était dans un état pitoyable.

Pour reconstituer les fabriques, un décret du 19 messidor an 12 enjoignit aux préfets de nommer d'office quelques marguillers dans chaque commune. Le curé de Cesny s'empressa de convoquer les notables de sa paroisse désignés pour cette fonction : Louis Lamock, jurisconsulte, Joseph Ballière, Jacques-Claude Beaumont, chirurgien. Dans cette première séance, on décida de recueillir sans retard ce qui pouvait rester des ressources de la fabrique et d'en créer de nouvelles par la location des bancs de l'église, par les produits du cimetière, etc. On dressa un état des lieux. Des réparations à l'église et au presbytère étant reconnues nécessaires et urgentes, on résolut d'y consacrer aussitôt que possible tous les revenus disponibles.

Peu après il fallut procéder à l'inventaire du mobilier. Une seule aube et deux chasubles, dont l'une sans ses accessoires; un calice et un ciboire en cuivre argenté : voilà tout ce que la Révolution avait laissé à l'église de Cesny. La croix et les six chandeliers de l'autel étaient la propriété de l'Hospice.

Les fabriciens ne purent rédiger sans consternation le procès-verbal d'un tel dénûment. La générosité des fidèles fournit promptement l'indispensable et pourvut à la célébration décente des saints mystères jusqu'au décret de 1809 qui régla le fonctionnement des fabriques. Alors des ressources suffisantes et régulières permirent de rehausser les cérémonies du culte d'un nouvel éclat.

Mais une œuvre de restauration sociale bien autrement difficile s'imposait au dévouement de l'abbé Pelcerf. Pendant l'anarchie révolutionnaire, toute une génération avait grandi sans instruction religieuse et même sans instruction aucune. Ces intelligences de 18 à 20 ans, libres de préjugés puisqu'elles étaient dépourvues d'idées, se seraient ouvertes sans peine aux grandes vérités de la raison et de la foi, si le système d'éducation préconisé par Rousseau dans son *Emile* n'était pas une ineptie. Il en est des âmes comme des champs sans culture : il faut les défricher péniblement pour remplacer les ronces et les herbes folles par une végétation utile. Bien que la jeunesse de Cesny n'eût pas été élevée sans Dieu, l'abbé Pelcerf, dut s'épuiser en longs efforts pour la rendre chrétienne. Son action fut plus prompte et plus efficace sur les enfants du catéchisme.

Durant les trente années qu'il gouverna encore sa paroisse, il eut la joie d'y voir régner la concorde et fleurir la piété. La Révolution de 1830, quoique Paris seul en fût le théâtre, lui fit sentir tristement que le volcan de la Révolution n'était pas éteint. Il mourut dix-huit mois après, le 25 janvier 1832. Il avait été 52 ans curé en titre de Cesny-en-Cinglais, devenu Cesny-Bois-Halbout depuis quatre ans seulement (1).

Son successeur fut l'abbé Jean-Pierre Goujard, son vicaire depuis quelques mois. Le presbytère menaçait ruine. En attendant qu'il fût remis en état, le nouveau curé logea dans une maison que Mme Gouin de Placy lui avait gracieusement offerte. De nombreuses réparations à l'église, notamment aux murs et aux piliers de la nef, des bancs neufs, beaucoup plus convenables que les anciens, une mission donnée par les PP. Marie, Creveuil et Hamel, missionnaires de la Délivrande, une fondation de messes pour lui et sa famille, sa bibliothèque de plus de 700 volumes, très bien reliés, léguée à la cure de Cesny, tels sont les principaux souvenirs qui se rattachent à son nom. Il mourut subitement le 26 avril 1854, après avoir administré la paroisse 22 ans.

L'abbé Louis-Patrice Lepeltier, nommé à la cure de Cesny-Bois-Halbout le 1er octobre 1854

(1) L'ordonnance de Charles X est du 30 juillet 1828.

et installé le 14, a laissé, comme monuments de son zèle, la belle sacristie, bâtie en 1866 au chevet de l'église, la splendide verrière posée peu après au haut de la grande fenêtre du sanctuaire, le maître-autel en marbre blanc, enfin les voûtes élégantes du chœur et de la nef. Il fit donner par les PP. Récollets de Caen, sous la direction du P. Bénigne, une mission qui produisit un bien considérable : les survivants en ont gardé le souvenir. Sa mort, le 29 mars 1867, fut un deuil général.

L'abbé Jean-Baptiste Delessard, nommé à la cure de Cesny le 14 mai 1868, en prit possession le 17. C'est à lui que l'église doit sa belle sonnerie. Les trois cloches, sorties de la fonderie Havard (Villedieu-les-Poëles), furent baptisées en 1875 par l'abbé Ducellier, vicaire-général de Bayeux, qui devait être évêque de Bayonne, puis archevêque de Besançon. L'abbé Delessard mourut le 8 septembre 1881, laissant une réputation de bonté peu commune.

L'abbé Auguste Dupré, baptisé le 18 octobre 1843 en l'église Saint-Sauveur de Condé-sur-Noireau, fut nommé à la cure de Cesny-Bois-Halbout le 5 octobre 1881 et installé canoniquement le 11 décembre, dimanche où l'on fêtait l'Immaculée-Conception. Il a fait poser, en 1882, aux fenêtres des chapelles de la nef, deux vitraux sortis des ateliers Mazuet (de

Bayeux) ; — en 1886, le pavage du chœur en céramique ; — en 1891, le pavage de la nef également en céramique ; — en 1896, la mosaïque du sanctuaire. En 1888, le 22 octobre, au cours d'une mission prêchée par le P. Joseph de Panthou, Prémontré de Mondaye, fut planté un calvaire.

En 1901, sur la demande de la fabrique, le conseil municipal a réparé l'extérieur de l'église, reconstruit le portail gothique de la nef, couvert le chœur en ardoises.

§ 2e. — *La commune de Cesny-Bois-Halbout au XIXe siècle.*

Longtemps avant la Révolution, le domaine seigneurial de Cesny avait été divisé. Jusqu'au

XIXe siècle, les familles d'Harcourt et de Brassard possédèrent l'une le château de la Motte, l'autre le manoir de Bossy avec leurs dépendances. Après la nuit du 4 août 1789, il n'y eut plus de seigneurs de Cesny. Avec la nouvelle législation, leur immense domaine devait se morceler et disparaître. D'un côté, la suppression du droit d'aînesse et le partage égal entre les héritiers ; de l'autre, les ventes de gré à gré émiettèrent la grande propriété dans toute la France. S'il y eut encore à Cesny des propriétaires portant des noms de marque, comme le prince de Beauvais, le duc de Crussol d'Uzès, le comte d'Hunolstein, aucun n'eut droit au titre de seigneur de Cesny ; au reste, tous ces nobles ne tardèrent pas à vendre leurs terres les uns après les autres.

A part les terres léguées à l'hospice du Bois-Halbout et lui appartenant, toutes les autres furent vendues. Les fermiers du pays devinrent pour la plupart propriétaires. Ceux qui ne possédaient que des fiefs entrèrent en possession du sol.

En peu de temps, grâce à son marché, le Bois-Halbout prit une telle importance qu'une ordonnance royale de 1828 autorisa la commune de Cesny-en-Cinglais à porter désormais le nom de Cesny-Bois-Halbout. Ce marché très ancien et très renommé attirait une foule de petits commerçants qui s'établirent dans la bourgade. Aujourd'hui, ils y sont légion. Bien que le commerce ait ses fluctuations et ses crises, le marché du Bois-Halbout resta prospère et fournit à la commune d'importantes ressources.

L'administration municipale a été réglementée au XIXe siècle par la Constitution consulaire de l'an 8 (24 décembre 1799), par l'ordonnance royale du 21 mars 1831, par la Constitution impériale de 1852 et par la Constitution républicaine de 1875. Selon la constitution napoléonienne de l'an 8, les municipalités représentaient dans les communes le gouvernement : les maires, les adjoints, les conseillers municipaux, fonctionnaires subalternes, dépendaient, par l'intermédiaire des sous-préfets et des préfets, du pouvoir suprême qui les avait choisis lui-même dans les listes des notabilités communales. Toute la France se trouvait dans la main du maître par ce système de centralisation qui n'admettait nulle part aucune autonomie. La loi de 1831 modifia surtout le mode de formation du conseil municipal : il devait être élu par les plus imposés de la commune et par diverses catégories de capacités : le maire et les adjoints, pris dans le conseil, étaient nommés par le gouvernement. La Constitution impériale de 1852 substitua le suffrage universel au suffrage restreint pour l'élection du conseil municipal, mais permit à l'Empereur de choisir le maire même en dehors du conseil. La Constitution républicaine de 1875 a donné au conseil municipal le droit de choisir son maire et ses adjoints ; mais elle l'a laissé sous la tutelle gouvernementale.

Les communes étaient plus libres et plus autonomes sous l'ancien régime. La Révolution s'est faite au profit du pouvoir central qui prétend imprimer à son gré le mouvement à tous les rouages de la machine. Cependant les municipalités ont nécessairement leur initiative dans l'administration locale. Elles comprennent bien ou mal les intérêts de la commune ; elles ménagent ou gaspillent ses finances, elles n'entreprennent que des travaux utiles avec les ressources disponibles ou s'endettent pour payer des folies, car elles obtiennent sans difficulté d'un gouvernement aventureux et prodigue la permission de suivre ses exemples. Nous pouvons dire à l'honneur de Cesny et de ses municipalités successives qu'il a été bien gouverné durant le XIXe siècle. Voici la liste de ses maires, hommes sages et pondérés, qui ont joui de la confiance et de la sympathie générale :

1er Jean-Jacques Ballière,	13	ans maire	(1803-1816)
2e Louis Gouin,	4	—	(1816-1820)
3e Charles-Joseph Ballière,	28	—	(1820-1848)
4e François Varin,	12	—	(1848-1860)
5e Charles Gouin,	15	—	(1860-1875)
6e Charles Beaudouin,	9	—	(1875-1884)
7e Léon Beaunieux,		—	(1884-)

Le gouvernement d'un côté, les congrégations religieuses et les particuliers de l'autre ont beaucoup fait en France, au XIXe siècle, pour l'instruction primaire des garçons et des filles. Dès 1803, l'instituteur Bertrand tenait, à Cesny, dans un local-privé, la classe des garçons. A sa mort, il fut remplacé par l'abbé Pelcerf qui avait fait l'école avant la Révolution. Vinrent ensuite, comme instituteurs nommés par la commune, puis par le gouvernement, MM. Lepeltier en 1827, — Jeanne en 1832, — Sohier en 1833, — Gouin en 1848, — Guérin, — Basley, — Maheut, — Hardi en 1859, — Anne en 1874, — André en 1892.

Une école de garçons a été construite en 1878 à l'entrée de Cesny, sur le chemin du Bois-Halbout.

C'est en 1840 que des institutrices proprement dites ont ouvert à Cesny, dans un local privé, une école de filles. Une maison fut achetée par l'abbé Lepeltier en 1861.

Les institutrices de Cesny ont été, à partir de 1840 : Mlle Goujard, sœur du curé ; — en 1850, Mme Maheut ; — en 1852, Mme St-Polycarpe, religieuse de la Providence de Lisieux ; — en 1855, Mme St-Eugène ; — en 1859, Mme St-Valentin qui mourut en 1892, après avoir prodigué, pendant 33 ans, aux petites filles de la paroisse, un dévouement sans bornes ; — en 1892, Mme André, qui remplaça les religieuses de la Providence, dans l'école laïcisée. La loi Ferry, votée le 28 mars 1882, excluait les congréganistes des écoles communales. La loi Waldeck-Rousseau votée le 1er juillet 1901, chasse les congréganistes même des écoles libres. Les ennemis du christianisme sont amenés à donner, en France, le spectacle de libres-penseurs devenus, au xxe siècle, les persécuteurs de la pensée.

APPENDICE

Nous n'avons donné aucun détail sur l'administration municipale de Cesny-Bois-Halbout au XIXe siècle. Une indication sommaire des choses les plus intéressantes va combler cette lacune (1).

Jean-Jacques Ballière, le 1er Maire de Cesny est nommé en 1803. — Le 22 pluviôse an 13, une somme de 150 fr. est votée pour le traitement du chapelain du Bois-Halbout.

Le 9 décembre 1805, le Conseil vote une somme suffisante pour assurer le logement et le traitement du premier instituteur.

Le 14 mai 1809, une délibération a pour objet l'achat des Halles, bâties par les ducs d'Harcourt.

Le 12 mai 1811, une subvention de 200 fr. est votée pour objets destinés au culte.

Louis Gouin, le 2me Maire, est nommé le 2 février 1816. — Le 18 juillet 1816, le Conseil met en adjudication les fournitures pour l'érection

(1) M. André, secrétaire de la mairie de Cesny-Bois-Halbout nous a fourni ces renseignements.

d'une croix en fer dans le cimetière de la Commune. Cette croix s'y trouve encore.

Charles-Joseph Ballière, le 3me Maire, est nommé le 22 janvier 1820. — Une délibération a lieu le 12 mai 1823 pour établir un lavoir aux Douis.

Le 29 mars 1827, délibération sur la délimitation de Cesny par rapport à Acqueville, Meslay et Placy.

Le 11 mai 1827, le Conseil autorise l'achat d'une cloche de 500 kilos.

Le 21 août 1831, on vote le traitement d'un vicaire accordé à l'abbé Pelcerf devenu infirme. Le vicaire fut l'abbé Goujard.

Le 22 septembre 1839, délibération à propos de l'enlèvement des stalles par le curé.

Le 6 février 1842, la refonte de la grosse cloche de l'église est décidée.

Le 6 novembre 1842, acceptation par le Conseil d'une rente de 200 fr. au profit de l'hospice donnée par Mme Anne Delaunay, sœur Ste-Marie.

François Varin, le 4me Maire, est élu le 12 mai 1848. — Le 11 août 1850, acceptation par le Conseil d'une religieuse de la Providence de Lisieux.

Le 16 novembre 1855, le Conseil est d'avis de faire nommer sœur Saint-Polycarpe institutrice communale.

Charles Gouin, le 5me Maire, est nommé le 29 avril 1860. — Le 15 juin 1861, le Conseil vote 112 fr. 50 pour les livres du lutrin, à l'occasion du changement de liturgie.

Le 19 décembre 1861, le Conseil accepte le

don d'une école de filles fait par l'abbé Lepeltier.

Le 10 novembre 1868, il demande la création d'un bureau de poste au Bois-Halbout.

Le 28 septembre 1870, après la proclamation de la République, le maire échange son titre contre celui de Président de la commission municipale. MM. Beaudouin et Sohier sont nommés vice-présidents.

Charles Beaudouin, le 6me Maire, est élu le 4 juillet 1875. — Le 18 juillet 1875, le Conseil rétablit, au profit du chapelain de l'hospice, la subvention de 150 fr. supprimée par le Sous-Préfet.

Le 24 novembre 1876, il décide la construction d'une école de garçons et vote les fonds nécessaires.

Le 16 septembre 1877, il fixe le prix des concessions de terrain dans le cimetière.

Le 19 mai 1882, il établit une caisse des écoles.

M. Léon Beaunieux, le 7me Maire, est élu le 18 mai 1884. — Le 12 octobre 1884, le Conseil vote la construction d'une citerne sur la place publique.

Le 23 février 1887, il demande la création d'un bureau télégraphique.

Le 12 novembre 1899, un service d'eau potable est installé par M. Duval-Pillet, ingénieur-constructeur à Paris et par M Bouillard, architecte à Falaise.

Le Conseil demande l'autorisation d'employer des fonds disponibles aux grosses réparations de l'église : couverture en ardoise du chœur, reconstruction du portail de la nef.

Le 2 août 1901, M. Léon Beaunieux, maire depuis 17 ans, reçoit du Ministre de l'Instruction Publique la croix de Chevalier du Mérite agricole, réclamée pour lui, le 5 février précédent, par le Conseil Municipal.

En 1902 la commune a pour Conseillers municipaux :

MM. Arthur Lenormand, adjoint,

Eugène Berthelot,	Alexandre Lehujeur,
Charles Coudray,	Amédée Lenormand,
Albert Daumesnil,	Hippolyte Nicolle,
Alfred Gouin,	Eugène Trébutien,
Eugène Grésille,	Pierre Vivien.

Puisse cette monographie de Cesny-Bois-Halbout témoigner aux habitants de la Commune notre désir de leur être utile et agréable et affermir en eux l'amour de leur petite patrie.

FIN

TABLE DES MATIÈRES

PREMIÈRE PARTIE

CESNY-EN-CINGLAIS DEPUIS SON ORIGINE JUSQU'A LA RÉVOLUTION

CHAPITRE Ier

LA COMMUNE ET LE CHATEAU

CHAPITRE II

LES PREMIERS SEIGNEURS DE LA MOTTE DE CESNY

CHAPITRE III

L'ÉGLISE DE CESNY ET SON PATRONAGE

CHAPITRE IV

LE SERVICE PAROISSIAL

CHAPITRE V

ADMINISTRATION TEMPORELLE DE CESNY-EN-CINGLAIS JUSQU'EN 1789.

§ 1er — *Les familles seigneuriales qui ont gouverné la commune.*

§ 2e. — *L'enseignement primaire.*

DEUXIÈME PARTIE

CESNY-EN-CINGLAIS DEPUIS LA RÉVOLUTION JUSQU'A NOS JOURS

CHAPITRE Ier

CESNY-EN-CINGLAIS PENDANT LA RÉVOLUTION

Caen. — Imp.-Rel. J. Lenoyer, 27, rue Froide.

www.ingramcontent.com/pod-product-compliance
Ingram Content Group UK Ltd.
Pitfield, Milton Keynes, MK11 3LW, UK
UKHW021544260726
13993UKWH00002B/621

9 782019 939083